Kein Mensch weiß genau, wie sie starb;
denn an ihrem Arm waren nur einige
feine Stichspuren festzustellen.
Die einen sagen, sie habe sich eine Natter,
entweder in einem Wasserkrug
oder unter einem Blumengebinde verborgen,
bringen lassen und diese dann angesetzt …

Cassius Dio
Römische Geschichte (51, 14, 1)

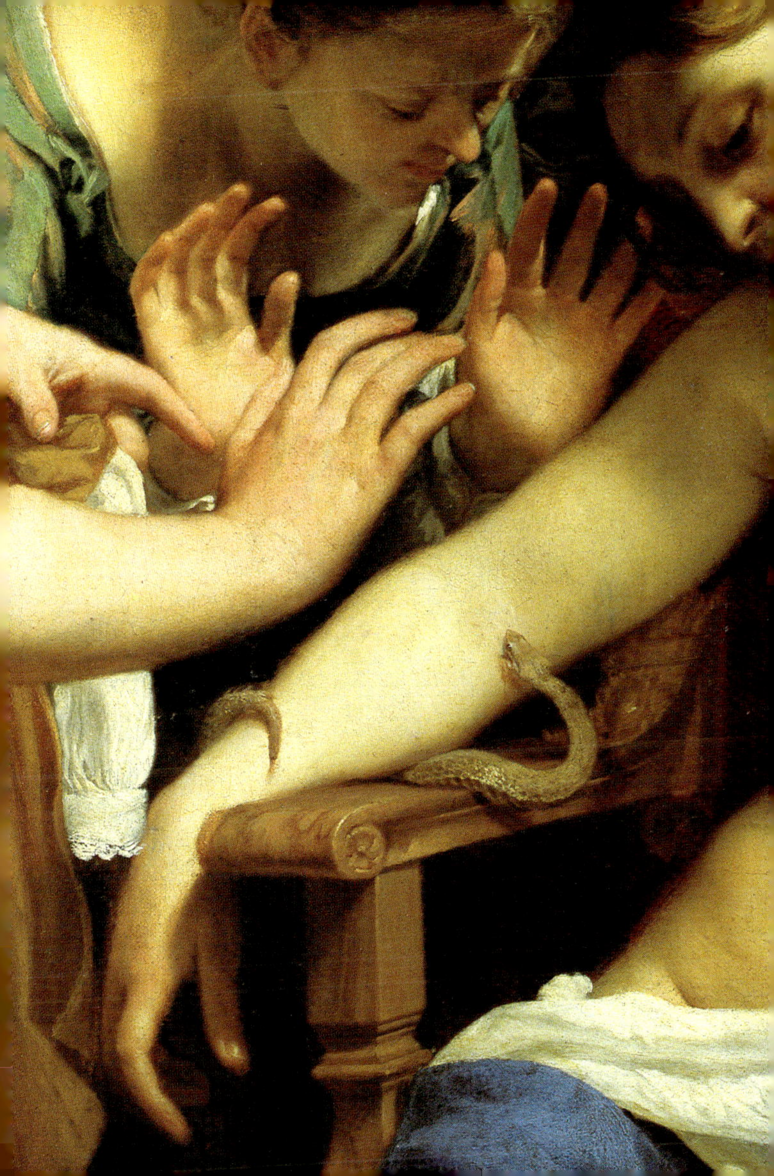

Edith Flamarion ist Philologin und Mitarbeiterin am Centre National de Recherches Scientifiques. Einen wesentlichen Schwerpunkt ihrer Arbeiten bildet die Untersuchung von Aussagen zur Antike unter besonderer Berücksichtigung der Literatur und Malerei des 17. und 18. Jahrhunderts. Ihr Hauptinteresse liegt dabei vor allem bei den großen Frauengestalten wie Dido, Lucretia oder Kleopatra.

Deutsche Textfassung: Véronique Berteaux, M. A.
Wissenschaftliche Bearbeitung: Dr. Regine Schulz

Die Deutsche Bibliothek – CIP-Einheitsaufnahme

Kleopatra: Leben und Tod einer Herrscherin / Edith Flamarion.
[Dt. Textfassung: Véronique Berteaux. Wiss. Bearb.: Regine Schulz]. –
Dt. Erstausg. – Ravensburg: Ravensburger Buchverl., 1995
(Abenteuer Geschichte; 50) (Ravensburger Taschenbuch)
Einheitssacht.: Cléopâtre <dt.>
ISBN 3-473-51050-5
NE: Flamarion, Edith; Berteaux, Véronique. [Übers.];
Schulz, Regine [Bearb.]; EST; 1. GT

ABENTEUER GESCHICHTE

Deutsche Erstausgabe als Ravensburger Taschenbuch

Die Originalausgabe erschien unter dem Titel
„Cléopâtre. Vie et mort d'un pharaon"

Redaktion der deutschen Fassung: Ursula Behrendt-Roden

Satz: Eduard Weishaupt, Meckenbeuren
Printed in Italy by Soc. Editoriale Libraria

5 4 3 2 1 99 98 97 96 95

ISBN 3-473-51050-5

KLEOPATRA
Leben und Tod einer Herrscherin

Edith Flamarion

Ravensburger Buchverlag

Erstes Kapitel

ALEXANDRIA – DIE STADT DES PHAROS

Jahrhunderte nach der Eroberung Ägyptens durch Alexander den Großen, im Winter des Jahres 69/68 v.Chr., wird in den vornehmen Gemächern der königlichen Familie von Alexandria ein Mädchen geboren, das den Namen Kleopatra erhält. Sie ist die Tochter von Ptolemaios XII. und stammt aus der Dynastie der Lagiden, die als ptolemäisches Herrschergeschlecht seit dem Tod Alexanders über Ägypten regieren. Der Geburtsort der Kleopatra ist nicht nur der Herrschaftssitz der griechischen Ptolemäer, er gilt auch als kultureller Mittelpunkt des Hellenismus.

„Goldstadt, Stadt des Leuchtturms, strahlendes Alexandria“ – die von Alexander dem Großen 332/331 v.Chr. gegründete Stadt erfreut sich in der Antike allgemeiner Bewunderung. Als hellenistische Gründung auf ägyptischem Boden ist es den Ägyptern untersagt, in den Mauern der Metropole, der Hauptstadt des ägyptischen Reiches, zu leben. Früh schon führen die Lagiden die Stadt zu großer Blüte; ihre größte Prachtentfaltung erlebt sie aber in der Zeit der Kleopatra.

Es war ein Vorfahre der Kleopatra, ein Freund, Feldherr und *Diadoche** Alexanders des Großen, der als Ptolemaios I. Soter („Erretter“) 305/4 v. Chr. die Ptolemäerherrschaft in Ägypten begründete. Die berühmte Kleopatra, deren Name sich mit „Ruhm ihres Vaters“ übersetzen läßt, ist die siebte und letzte Königin des *Lagidenhauses*, die diesen Namen tragen wird. Sie ist somit Griechin und keine Ägypterin, auch wenn sog. „Barbaren“ zu ihren Vorfahren gehören, wie die Tochter eines syrischen Königs, eines *Seleukiden* von persischer Herkunft.

Zur Familie der Kleopatra VII. zählen neben dem Vater Ptolemaios XII. und der Mutter Kleopatra V. noch eine Schwester namens Arsinoe und zwei Brüder, die späteren Herrscher Ptolemaios XIII. und XIV. In der königlichen Familie herrscht keineswegs ein besonders entwickeltes Zusammengehörigkeitsgefühl, vielmehr prägen Intrigen, Machtgier und Mißgunst das Erscheinungsbild der Herrscherdynastie. Bei den familiären Auseinandersetzungen um die Macht spielen auch die Frauen eine keineswegs unbedeutende Rolle, denn nach pharaonischem Recht kann eine Königstochter als Gemahlin eines Königs zur Regentin ernannt werden. Bei den Ptolemäern wird dies sogar zum Prinzip: Der älteste Sohn und die älteste Tochter eines verstorbenen Königs können somit zum neuen Herrscherpaar gekrönt werden.

Obwohl Ägypten aufgrund seiner geographischen Lage starke Impulse aus dem afrikanischen und orientalischen

Ptolemaios I. Soter (links) hinterließ bei seinem Tode 283 v. Chr. ein blühendes Reich.

kursive Begriffe **siehe Glossar Seite 151.**

Umfeld erhält, bewahren die Ptolemäer ihre makedonischen Traditionen. Sie leben nach griechischer Sitte, tragen griechische Gewänder und sprechen Koine, die griechische Sprache des hellenistischen

Siedlungsgebiets. Auch den Kult vollzieht man zu Ehren der griechischen Götter, die allerdings mit den lokalen ägyptischen Gottheiten gleichgesetzt werden. Selbst viele Generationen nach der Machtübernahme, so bemerkt im 1. Jh. v. Chr. der Geograph Strabo, hat man noch „nicht alle hellenistischen Gewohnheiten vergessen".

Das strahlende Alexandria

Der Geburtsort Kleopatras VII. ist eine der größten Städte der antiken Welt. Aber was für ein Unterschied besteht zwischen dieser bedeutenden Metropole und der kleinen

Das Serapeion war ein prachtvoller Bau mit goldenem Dach. Geweiht war es dem Gott Serapis, einer unter den Ptolemäern neu geschaffenen Gottheit mit Zügen des ägyptischen Osiris-Apis, des griechischen Asklepios und des Zeus. Sein Kult war in Alexandria, aber auch in ganz Ägypten populär. Links eine Münze mit Darstellung des Gottes Serapis im Serapeum, 15. Jahr des Trajan, Bronze, aus Alexandria, 111/112 n. Chr.

Von der 332 v. Chr. gegründeten Stadt ist nichts mehr erhalten, doch ermöglicht eine Beschreibung Strabos, verfaßt nach einem Besuch der Stadt im Jahr 25 v. Chr., eine ungefähre Rekonstruktion des Stadtbildes mit seinem rechtwinkligen Straßennetz kurze Zeit nach dem Tod Kleopatras (links). Das königliche Palastviertel und das Sema, das bis heute unentdeckte Grabmal Alexanders, lagen im Nordosten der Metropole.

Neben dem Lagidenherrscher spielten seine Ehefrauen, Mätressen, Schwestern und oft auch die Mutter eine wichtige Rolle bei der Ausübung der Macht, aber auch bei den Hofintrigen und Verschwörungen.

Ortschaft Raqedet (griechisch: Rhakotis), die Alexander 332 v. Chr. ausgewählt hatte, um einen Hafen anzulegen! Der dort entstehenden Siedlung gibt er, so wie 70 anderen von ihm gegründeten Städten, den Namen Alexandria. Nach Plutarch (Alexander 26) wurde ihm zwar der Platz „von einem grauhaarigen Mann von sehr würdigem Aussehen“ im Schlaf geweissagt, doch erweist sich die Lage der neuen Stadt am westlichen Deltarand des Nils auch in wirtschaftlicher und strategischer Hinsicht als besonders günstig.

Gerade unter Kleopatra VII. erlebt Alexandria ihre größte Blütezeit. In der Stadt befindet sich eine unglaubliche Anzahl prachtvollster Paläste, Theater und Tempel. Hervorzuheben sind (u. a.) die Tempel der Götter Poseidon und Dionysos, der als Schutzgott der Ptolemäer gilt, sowie der Tempel des Serapis. Serapis ist der Stadtgott, ein von den Ptolemäern eingeführter Gott Alexandrias, der aber bald zum Reichsgott für Griechen und Ägypter wird, da sich in ihm Elemente des griechischen Zeus und des ägyptischen Osiris-Apis vereinen.

Auf der Insel Pharos liegt eines der sieben Weltwunder der Antike:

Im Mitterpunkt des neuen Staatskultes standen der Gott Serapis und die Göttin Isis. Unten ein Modell des Pharos nach Hermann Thiersch aus dem Jahr 1909.

ein gewaltiger Leuchtturm aus Kalkstein und Marmor, dessen Ausmaße, Konstruktion und Eleganz nicht nur in der Antike höchste Bewunderung erregten, denn mit seinen drei Stufen ragt das Gebäude 110 m in den Himmel! Zu Zeiten Kleopatras weist das um 280 v. Chr. von dem Architekten Sostratos aus Knidos errichtete Bauwerk schon seit mehr als 200 Jahren den Schiffen ihren Weg, denn das gewaltige Feuer in der Spitze des Turms ist bis zu 55 km weit sichtbar.

Kleopatra VII. lebt im Brucheion, dem nordöstlichen Viertel der Stadt. Dieser ausgedehnte Palastbezirk mit seinen zahlreichen Parkanlagen, dem Museion und der Bibliothek reicht bis zur Spitze des Kap Lochias. Die Stadt, vom Architekten Dinokrates von Rhodos wie ein Parallelogramm angelegt, nimmt entlang der Küste ein Gebiet von 1,5 km Breite und 6 km Länge ein. Sie wird von einem Netz rechtwinklig angelegter Straßen durchzogen. Ein 7 Stadien (ca. 1,2 km) langer künstlicher Damm, das Heptastadion, verbindet Pharos, die Insel des Leuchtturms, mit dem Festland. Dank des Damms verfügt Alexandria über zwei Hafenanlagen: den großen, durch Molen und das Kap von Lochias geschützten Osthafen und den offeneren Westhafen von Eunostos („Zur glücklichen Heimkehr") gegenüber Brucheion.

Alexandria besitzt eine außergewöhnlich hohe Bevölkerungsdichte. 300 000 Einwohner leben in der Stadt selbst, insgesamt

Zierliche Figuren modisch gekleideter Frauen wurden nicht nur im böotischen Tanagra, sondern auch in Alexandria hergestellt, wie etwa diese 15 – 30 cm großen Terrakotten aus dem 3. Jh. v. Chr.

Die Ostspitze der Insel Pharos „ist ein umspülter Felsen mit einem [. . .] gleichnamigen, wundervoll konstruierten", mehrgeschossigen „Turm aus weißem Stein" (Strabo 17, 1, 6), auf dem wahrscheinlich eine Kolossalstatue des Zeus stand. Noch im 14. Jh. waren Überreste zu bewundern, doch 100 Jahre später nutzte der Mameluke Kait Bey die Ruine des Leuchtturms als Steinbruch für den Bau seiner gewaltigen Festungsanlage.

700 000 im gesamten Ballungsgebiet. Die weltoffene, buntgemischte Bevölkerung besteht hauptsächlich aus drei großen Volksgruppen: aus Griechen, die im Zentrum leben, einem jüdischen Bevölkerungsteil im Ostteil der Stadt und den Ägyptern, die im Westen vor der eigentlichen Stadt, im alten Rhakotis, ein eher bescheidenes Leben führen. Erst das ausgeklügelte Kanalisationssystem mit Zisternen und Aufbereitungsanlagen, die das Wasser des Nils und des Mareotis-Sees reinigen, ermöglicht das Zusammenleben so vieler Menschen auf engstem Raum.

Am Knotenpunkt der Karawanen- und Seewege von und nach Europa, Afrika und Asien findet sich auf den Märkten der Stadt eine unüberschaubare Vielfalt an Waren, darunter z. B. Elfenbein, Gewürze, exotische Früchte und Wein, jegliche Art von Nahrungsmitteln, aber auch Kunstgegenstände.

Im Mittelmeerraum gilt Alexandria außerdem als ältester Handelshafen für Getreide. Der Weizen wird in großen Silos gelagert, die in den griechischen Papyri als „thesauroi" („Schatzkammern") bezeichnet werden.

Aber auch das Vergnügen kommt nicht zu kurz, und so sind die Vororte von Eleusis und Kanopos für ihre Tänzerinnen und „cinaedi" („Lustknaben") berühmt und berüchtigt.

Das berühmte Mosaik mit Nillandschaft aus dem Fortuna-Heiligtum in Praeneste bei Rom, 2. Jh. v. Chr., wurde wohl von einem aus Ägypten stammenden griechischen Künstler geschaffen. Die Darstellung gibt das Leben am überschwemmten Nil wieder. Unter anderem zeigen die Szenen einen ägyptischen Tempel mit Pylonen, einen Festzug zu einem griechischen Tempelchen und einen königlichen Palast. Links eine als zweigeschossiges Haus gestaltete Terrakottalampe aus Alexandria, 1. Jh. v. Chr.

Die Stätte der Musen

Die jährlichen Überschwemmungen des Nils faszinierten Griechen und Römer, denn zu einer Jahreszeit, in der die übrigen Flüsse im Mittelmeerraum austrockneten, brachte der Nilschlamm Fruchtbarkeit und Reichtum.

Alexandria ist eine geistig anregende Stadt, die Intellektuellen, Wissenschaftlern und Künstlern zahlreiche Gelegenheiten zu Begegnung und Austausch bietet. Zwar ist die Blütezeit der „alexandrinischen Schule", als Leistungen und Werke wie die des Mathematikers Euklid, der Dichter Theokrit und Kallimachos sowie des Künstlers Apelles entstehen, bereits im 3. Jh. v. Chr. Geschichte, doch hat die Stadt auch im 1. Jh. v. Chr. noch viel zu bieten.

Das kulturelle Leben konzentriert sich auf zwei unterschiedliche Begegnungsstätten im königlichen Viertel: die Bibliothek und das Museion. Beide sind schon unter Ptolemaios I. errichtet worden, der,

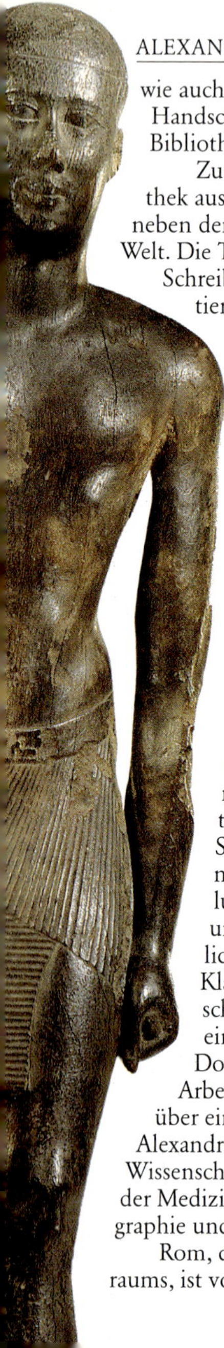

wie auch seine Nachfolger, ein begeisterter Handschriftensammler war und deshalb die Bibliothek beständig erweiterte.

Zur Zeit Kleopatras VII. besteht die Bibliothek aus ca. 700 000 Werken und ist damit neben der von Pergamon die größte der antiken Welt. Die Texte werden von speziell geschulten Schreibern kopiert, bearbeitet und kommentiert. Besonders die Philologie macht daher große Fortschritte.

Das Mark der Papyrusstauden, die in großen Mengen in Unterägypten wuchsen, war die Grundlage für das „Papier" der Antike. Papyrus war sehr teuer, da das ägyptische Herrscherhaus ein Monopol auf seine Herstellung besaß.

Das Museion, ein den Musen, der Verkörperung intellektueller und künstlerischer Fähigkeiten, gewidmeter Ort, darf als ein regelrechtes Forschungszentrum verstanden werden. Die Architektur des Gebäudes erleichtert die fachinterne und interdisziplinäre Zusammenarbeit unter den vom Staat finanzierten Gelehrten, die ihre ganze Zeit dem Studium und der Forschung widmen können. Ein zentraler Saal dient Versammlungen, der Wandelgang den Gesprächen und ein geräumiger Speisesaal dem leiblichen Wohl. Im Zentrum steht das Klassifizieren und Inventarisieren wissenschaftlicher Inhalte, was zuweilen zu einer gewissen geistigen Erstarrung führt. Doch dank der exakten philologischen Arbeiten verfügen die beiden Einrichtungen über einen großen Teil der antiken Literatur. Alexandria wird somit zur Wiege der modernen Wissenschaften, wie der Rhetorik und Philosophie, der Medizin und Anatomie, der Geometrie, Geographie und weiterer Forschungsrichtungen.

Rom, das andere Zentrum des Mittelmeerraums, ist vom Glanz der ägyptischen Stadt beein-

Demetrios von Phaleron, ein Schüler des Theophrastos, gründete 290 v. Chr. unter Ptolemaios I. ein Zentrum für Wissenschaft und Kunst. Er stellte es unter den Schutz der Musen, weshalb es als Museion („Verehrungsstätte der Musen") galt. Hier versammelten sich die größten Wissenschaftler ihrer Zeit. Die Bibliothek, die ursprünglich in einem Nebengebäude untergebracht war, wurde von Gelehrten wie Zenodot, dem ersten Herausgeber der Werke Homers, Kallimachos, der einen Bestandskatalog erstellte, oder dem Geographen Eratosthenes geleitet. Bei den Schriften handelte es sich zumeist um auf Stäbe gewickelte Papyrusrollen, die registriert, beschriftet und auf Regalen abgelegt wurden. Alles zeitgenössische Wissen war hier versammelt.

druckt; Dichter wie Catull, Properz und Ovid lassen sich vom intellektuellen Leben Alexandrias inspirieren. Aber auch die in Alexandria gefertigten Luxusgüter begeistern die Römer.

Der alexandrinischen Geschmack wirkt auch auf das Kunstschaffen außerhalb Ägyptens. Zunehmend werden ägyptisierende Elemente modern, so z. B. in der pompejanischen Wandmalerei, die in Stil und Sujet von der Kunst Alexandrias beeinflußt wird.

Ägypten, eine verlockende Beute für Rom

Durch seine Feldzüge gelingt es Rom, fast den gesamten mediterranen Raum zu erobern, und bald nennen die Römer das Mittelmeer nur noch „mare nostrum" („unser Meer"). Ägypten zählt im 1. Jh. v. Chr. zu den wichtigsten noch unabhängigen Ländern, das als orientalisches Wunderland den Römern eine große Beute verspricht. So mobilisieren sie bald gewaltige wirtschaftliche und militärische Kräfte, um das Land am Nil zu erobern.

Denn Ägypten ist in der Tat das reichste Land des hellenistischen Staatenbundes. Das Königreich der Lagiden ist eine einzige große Produktionsstätte von unterschiedlichsten Gütern und Kostbarkeiten, die in erster Linie dem Herrscherhaus zugute kommen. Die bis in das kleinste Detail organisierte Wirtschaft liegt vorwiegend in den Händen der Griechen, die etwa ein Fünftel der Bevölkerung von ca. 7 Millionen Einwohnern stellen. Die besonders streng überwachte Landwirtschaft unterliegt dabei der

Der Reichtum des Lagidenstaates beruhte vor allem auf der Landwirtschaft. Der Boden gehörte dem König oder der Priesterschaft und konnte auch an griechische Kolonisten vergeben werden. Die einheimische Bevölkerung wurde dagegen durch Fronarbeit und überhöhte Pacht in eine ausweglose Situation getrieben, so daß immer wieder Aufstände ausbrachen.

Dieses Henkelgefäß (frühes 1. Jh. v. Chr.) aus Obsidian mit seiner in Einlegetechnik gearbeiteten Opferszene zeigt vor dem Apisstier einen Herrscher mit Lotus- und Papyrusblüten in der linken Hand; seine rechte Hand ist anbetend erhoben. Im Schrein befinden sich neben dem Apisstier noch die Statuen eines Sphinx und eines Horusfalken. Die Einlagen bestehen aus *Malachit*, *Lapislazuli* und Koralle.

Besonders die ägyptische Gartenwirtschaft war auf ein gut funktionierendes Bewässerungssystem angewiesen. Links die Darstellung einer Sakkijeh, eines ägyptischen Schöpfrads, das in diesem Fall von Rindern bewegt wird.

Aufsicht von Beamten: den *Nomarchen*, *Toparchen* und Schreibern, die selber wiederum von einem griechischen *Strategen* abhängig sind. Diese Strategen besitzen außerordentlich große Machtbefugnisse. Die von den griechischen Kolonialisten (meist ehemaligen Soldaten) eingeführten Anbautechniken haben eine erheblich verbesserte Bodennutzung und stark steigende Erträge zur Folge. So führen etwa griechische Siedler die Region des Fayums zu einer bislang ungekannten Blüte.

Der Staat beherrscht alle Zweige der Produktion, und in vielen Fällen besitzt er sogar ein Monopol, wie z. B. bei Öl, Bier, Papyrus und Leinen. Daher können die Preise unabhängig von den Herstellungskosten festgesetzt werden. Die Privatwirtschaft allerdings wird durch bürokratische Hemmnisse, wie z. B. eine Unzahl notwendiger Genehmigungen und Gebühren, erheblich belastet. Doch auch die königlichen Werkstätten unterliegen strengsten Kontrollen.

Der ptolemäische Staat produziert gewaltige Mengen, verbraucht aber wenig und exportiert viel. In den Scheunen Alexandrias stapeln sich daher riesige Berge von Gütern, die man ins Ausland verkauft.

Mächtige Banken in der Hand des Staates führen die öffentlichen Kassen, die die Gebühren und Steuern einnehmen, und legen diese Gelder ertragreich an. Die Ptolemäer unterhalten dabei ein spezielles Finanzsystem, bei dem jeder Bankier für seine Geschäfte selbst verantwortlich ist. Auch der König verfügt über eigene Mittel, mit denen er etwa seine Schutztruppen finanziert.

Schon seit langem begeistert man sich in Rom für die reichen Goldvorkommen Ägyptens. Bei jedem innen- und außenpolitischen Streit bietet man sich daher als Schlichter und Helfer an. Ägypten sieht in Rom dagegen ein willkommenes Gegengewicht zum Seleukidenreich.

Eine hierarchische Beamtenstruktur mit dem *Dioiketes* an der Spitze bestimmte die Verwaltung des Landes. Während die Vertreter der Beamtenschaft sich einigen Luxus bei der Grabausstattung leisten konnten, lebten die ägyptischen Kleinbauern oft am Rande des Existenzminimums.

Ein Flötenspieler auf dem Thron

Im Jahr 80. v. Chr. übt der römische Diktator Sulla Druck auf Königin Kleopatra Berenike III. aus und drängt sie zur Heirat mit ihrem Stiefsohn Ptolemaios XI. Die Eheschließung erweist sich als verhängnisvoll, denn schon nach 19 Tagen läßt Ptolemaios seine Stiefmutter ermorden. Erzürnt wenden sich die Alexandriner gegen den König und töten ihn nur wenige Monate später.

Ein unehelicher Sohn des Ptolemaios X. gelangt nun auf den Thron. Als Ptolemaios XII. nimmt er folgende ehrenvollen Beinamen an: „Neos Dionysos" („Der neue Dionysos"), „Philopator" („der Vaterliebende") und „Philometor" („der Mutterliebende"). Im Volk aber heißt er bald „Auletes", „der Flötenspieler", denn der Vater Kleopatras ist schon nach kurzer Zeit wegen seiner Vorliebe für Feste jeglicher Art berühmt und berüchtigt. Ptolemaios XII. trinkt, musiziert und vergnügt sich mit Tänzerinnen. Die Schwierigkeiten, die das Land zu zerreißen drohen, lassen ihn kalt: Aufstände der einheimischen Landbevölkerung, wirtschaftliche Probleme und finanzielle Verluste: Auf all diese Schwierigkeiten findet er keine andere Antwort als die Duldung, ja gar Förderung der Korruption. Auletes lebt zudem in beständiger Angst, seinen Thron zu verlieren, denn die Römer drohen mit

Die „Tazza Farnese", eine als Schale gestaltete Kamee aus Sardonyx, gilt als ein Meisterwerk der *Glyptik* und ist ein hervorragendes Beispiel der propagandistischen Kunst der Lagiden. Die Darstellung zeigt den Segen der Nilüberschwemmung, verkörpert durch den Gott Serapis als Nil (ganz links), in Verbindung mit der Vergöttlichung der ptolemäischen Herrscher. Isis steht dabei für die Königin, der Sphinx für den verstorbenen Herrscher im Osirisaspekt und Horus für den Thronfolger.

einem Testament des Ptolemaios XI., in dem festgelegt worden sei, daß Ägypten nach seinem Tode an Rom fallen solle. Einerseits stützt sich der römische Senat auf dieses angebliche Testament, um an die persönlichen Besitztümer des verstorbenen Königs zu gelangen, doch zugleich tritt er auch für die Unabhängigkeit Ägyptens ein. In den Jahren 65 und 64 v. Chr. lehnt er deshalb wiederholt das von den Aristokraten unterstützte Vorhaben ab, aus Ägypten eine römische Provinz zu machen. Grund dafür mag die Furcht sein, daß die Befürworter dieses Plans, wie etwa Cäsar oder Crassus, finanziell und machtpolitisch Nutzen daraus ziehen könnten.

Ein Bronzeköpfchen des lebenslustigen Ptolemaios XII. Auletes als Dionysos (80 – 57 v. Chr), von dem Strabo (17, 1, 11) schrieb: „... Auletes, der, abgesehen von seiner übrigen Lasterhaftigkeit, als Flötenspieler auftrat, brüstete sich mit dieser Kunst so sehr, daß er [...] Wettkämpfe veranstaltete“, an denen er selbst teilnahm.

Unter der Regierung von Ptolemaios XII., der bei einigen Alexandrinern wegen seiner ausschweifenden Lebensweise einen äußerst schlechten Ruf hatte, nahm die Verschuldung des Landes beträchtlich zu, was zu einer innen- und außenpolitischen Schwächung Ägyptens führte.

Pompeius der Große vor den Toren Ägyptens

Es ist vor allem ein Mann, der die Unabhängigkeit Ägyptens verteidigt: Gnaeus Pompeius Magnus. Nachdem er den Aufstand der Anhänger des Sertorius in Spanien niedergeschlagen hat, die kilikischen Piraten bezwingen kann und in Kleinasien schließlich Mithridates VI. besiegt hat, steht sein Ruhm im Zenit.

Im Jahr 64 erobert er das seleukidische Königreich, und ein Jahr später macht er Syrien zur römischen Provinz, womit es ihm gelingt, die Macht Roms im Mittleren Osten zu sichern. Schließlich nimmt er direkt vor der ägyptischen Grenze Jerusalem ein. Auletes wird sein Verbündeter und unterstützt ihn bei seinen Feldzügen im Orient mit einer Truppe von 8000 Reitern; zusätzlich überhäuft er den Feldherrn mit Geschenken.

Trotz allem hat der ägyptische König im Jahr 60 v. Chr. Grund zu zittern, denn Pompeius verbündet sich mit Cäsar, der ein Jahr später Konsul wird. Der ägyptische Herrscher schickt nun die gewaltige Bestechungssumme von 6000 Talenten nach Rom, um seine offizielle Anerkennung zu erkaufen. Nach julischem Gesetz wird er zwar zum „Verbündeten und Freund des römischen Volkes“ ernannt, doch in Wirklichkeit ist er bereits ein Untergebener Roms.

Trotz der Anerkennung droht Gefahr. Sein Bruder, der Herrscher von Zypern, wird nur ein Jahr später (58. v. Chr.) von Rom angegriffen und begeht Selbstmord. Cato bemächtigt sich der Insel und übergibt den Staatsschatz dem Senat.

Die Flucht des Flötenspielers

Fürchten sich die Alexandriner vor der militärischen Nähe und Übermacht Roms? Jagen sie Auletes aus der Stadt, weil er die römische Annexion Zyperns einfach akzeptiert?

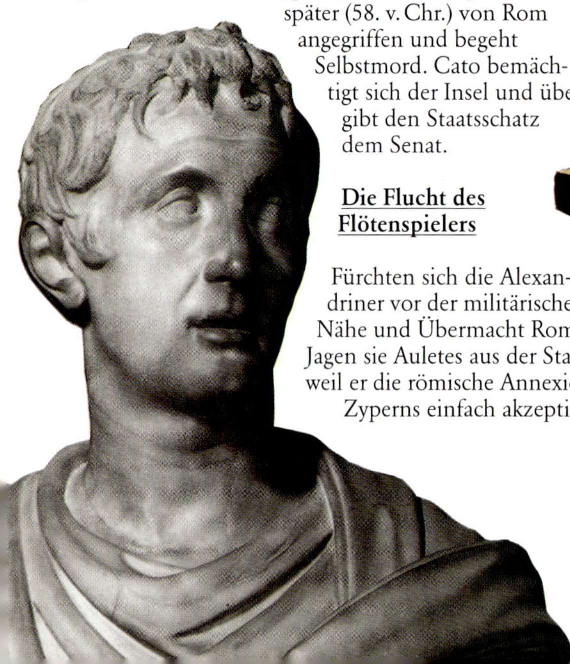

Pompeius der Große war einer der erfolgreichsten und populärsten römischen Heerführer des 1. Jahrhunderts v. Chr. Nur Kämpfe mit Albanern und Iberern hinderten ihn daran, zur Jahreswende 66/65 v. Chr. bis an das Kaspische Meer und von da aus nach Indien vorzudringen.

Die Frage bleibt offen, doch er flieht nach Rom und beginnt dort schon kurze Zeit später, seine Intrigen zu spinnen und einflußreiche Bürger der römischen Hauptstadt durch Bestechung auf seine Seite zu bringen. Er gibt sein Gold mit vollen Händen aus, kauft Senatoren und investiert große Beträge, so daß er sich schließlich von Rabirius, einem reichen Großbankier, Geld leihen muß.

Währenddessen setzen die Alexandriner seine älteste Tochter Kleopatra VI. und nach deren Tod Berenike IV. auf den Thron. Sie schicken eine Abordnung nach Rom, die den Senat bittet, als Schlichter im Konflikt zwischen Vater und Tochter zu vermitteln. Auletes schreckt nicht davor zurück, einen Teil der Abgesandten ermorden zu lassen.

Rom zögert, schließlich beruft man sich auf die sibyllinischen Bücher, aus denen aber kein Argument für einen militärischen Eingriff zugunsten Auletes' abzuleiten ist. Der Vertriebene verzweifelt und flieht zunächst ins kleinasiatische Ephesos. Schließlich entscheidet sich Rom doch, militärisch einzugreifen.

Gabinius, der Statthalter Roms in Syrien, dem Auletes 10 000 Talente versprochen hat, marschiert 55 v. Chr. mit einer starken Armee nach Ägypten. Die Reiterei wird von einem jungen, hitzköpfigen Offizier namens Marcus Antonius geleitet. Gabinius erobert zuerst Pelusium und dann Alexandria. Der Ehemann der Berenike, Archelaos, fällt in der Schlacht. Auletes zieht als Sieger in die ägyptische Hauptstadt ein und läßt seine Tochter hinrichten.

Nachdem der König seinen Thron zurückerhalten hat, verläßt Gabinius Ägypten, wobei er als Vorsichtsmaßnahme eine hauptsächlich aus germanischen und gallischen Söldnern bestehende Truppe in Alexandria zurückläßt. Der römische Finanzmann Rabirius, Gläubiger des Auletes, wird als Dioiketes in Ägypten eingesetzt.

Die Stärke Roms und der dort Herrschenden basierte auf dem Militär, das aus Berufssoldaten bestand und der ausschließlichen Gewalt des „Oberbefehlshabers" unterstand, der über das gesamte Imperium und damit auch über ihr Leben und ihren Tod zu bestimmen hatte. An Entbehrungen gewöhnt, regelmäßig trainiert und strengster Disziplin unterworfen, bildeten sie schon seit Ende des 2. Jh. v. Chr. eine ständige Armee. Trotz der unterschiedlichen Herkunft ihrer Soldaten – neben Römern gab es zahlreiche Hilfstruppen, die u. a. aus gallischen, numidischen, spanischen, germanischen und thrakischen Söldnern bestanden – war sie zu ihrer Zeit eine der schlagkräftigsten Armeen der Welt. In der Armee der Lagiden bildeten dagegen die griechischen Elemente die wirksamsten Teile.

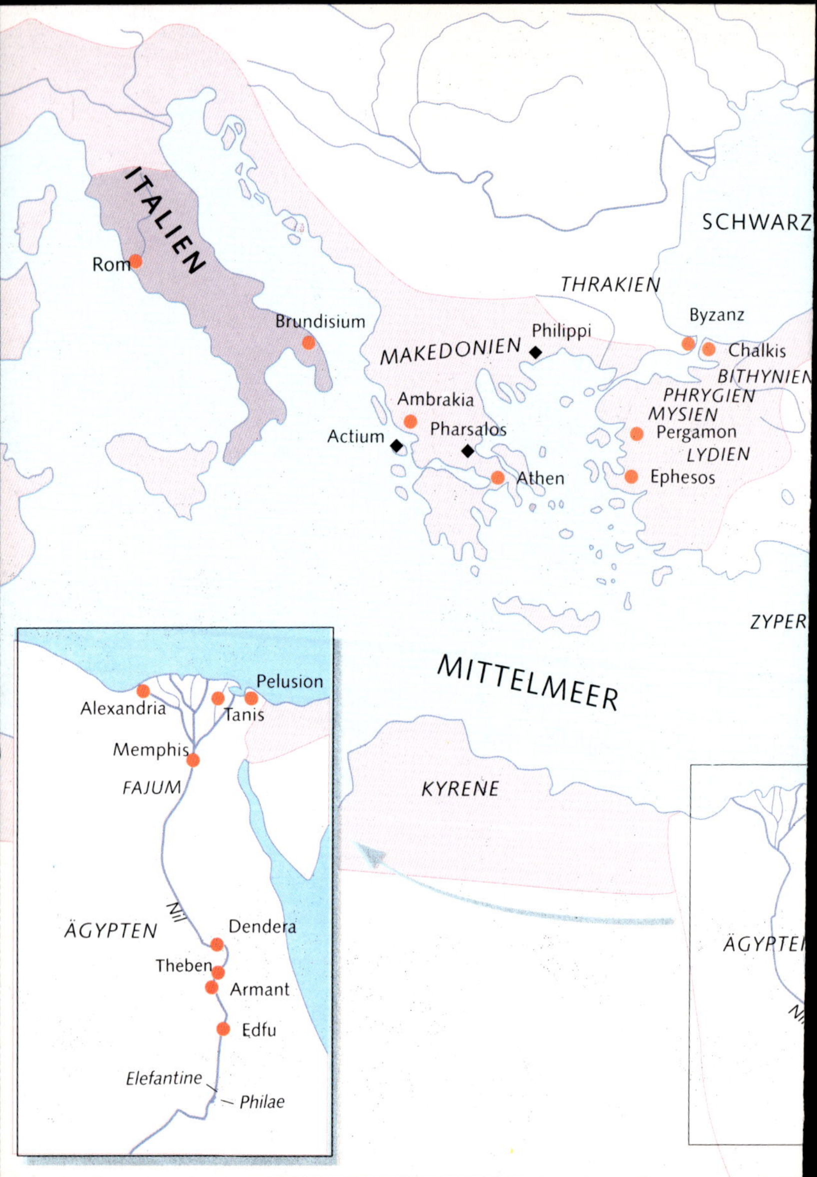
ITALIEN
Rom
Brundisium
MAKEDONIEN
Philippi
THRAKIEN
SCHWARZ
Byzanz
Chalkis
BITHYNIEN
PHRYGIEN
MYSIEN
Pergamon
LYDIEN
Ephesos
Ambrakia
Actium
Pharsalos
Athen
ZYPER
MITTELMEER
KYRENE
Pelusion
Alexandria
Tanis
Memphis
FAJUM
Nil
ÄGYPTEN
Dendera
Theben
Armant
Edfu
Elefantine
Philae
ÄGYPTE
Ni

Die Römer im Osten

Seit dem Beginn des 3. Jahrhunderts v. Chr. hatte Rom nach und nach begonnen, den gesamten Mittelmeerraum zu erobern. So entstand ein gewaltiges Reich, das durch ein enges Netz von Land- und Wasserstraßen zusammengehalten und von Rom verwaltet wurde.
Hohe Verwaltungsbeamte (meist Prokonsule und Proprätoren) herrschten als Statthalter über die mit Waffengewalt oder durch Erbschaft gewonnenen Provinzen. So entstand eine Mischung verschiedenster Kulturen, die tief vom Hellenismus durchdrungen waren.

Der weit von Rom entfernte, in verschiedene Staaten aufgeteilte Nahe und Mittlere Orient, der in direkter Nachbarschaft zum gegnerischen Reich der Parther lag, war schwer zu beherrschen. Dennoch befand sich seit der Mitte des 1. Jahrhunderts v. Chr. mit Pergamon, Bithynien, Pontos, Kilikien, Syrien und Zypern der größte Teil des Gebiets unter römischer Herrschaft. Allein Judäa und Ägypten hatten einen autonomen Status; ihre Herrscher aber, Herodes und Kleopatra VII., waren durch Rom an die Macht gelangt und deshalb von Rom auch abhängig.

ZWEITES KAPITEL

DIE ACHTZEHNJÄHRIGE KÖNIGIN

Im Jahr 51 v. Chr. stirbt Ptolemaios XII. Auletes. Sein Testament bestimmt seine beiden ältesten Kinder, die achtzehnjährige Kleopatra und ihren zehnjährigen Bruder Ptolemaios XIII., zu seinen Thronnachfolgern. Die nach ptolemäischem Gesetz gebotene Geschwisterehe gibt Kleopatra die Möglichkeit, das Land nach eigenen Vorstellungen zu regieren. Als Kleopatra VII. herrscht sie nun als „Herrin beider Länder" über Ober- und Unterägypten.

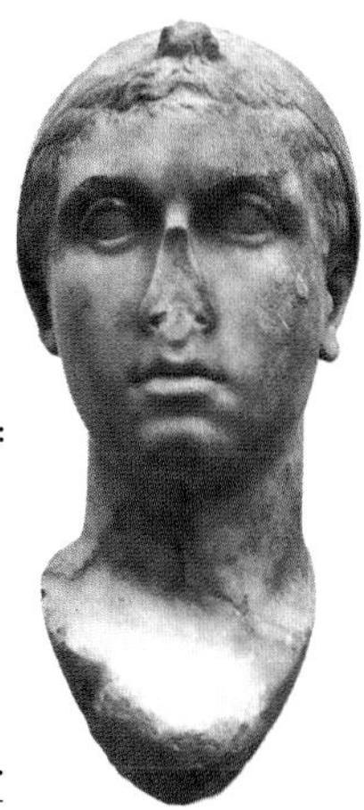

Kleopatra – eine Frau mit zwei Gesichtern: links als ägyptische Königin mit pharaonischen Attributen im Doppeltempel für Haroeris und Sobek in Kom Ombo (Oberägypten), rechts als griechische Alexandrinerin in hellenistischer Tradition.

Kleopatra erhält den maskulinen Beinamen Philopator (der „Vaterliebende"). Die ganze Machtfülle eines ägyptischen Pharao ruht nun in ihren Händen. Sie gilt als „lebendes Gesetz", als Garantin für Ordnung und Wohlstand und ist uneingeschränkte Herrscherin über ihre Untertanen und ihr Territorium; eine Gottheit, verehrt durch einen von ägyptischen und griechischen Priestern vollzogenen Königskult.

Eine gebildete Frau

Ihre ersten Jahre verbringt Kleopatra, wie alle anderen hellenistischen Kinder auch, im königlichen Frauenbereich, dem Gynäkeion. Später erhält sie eine für ptolemäische Königstöchter verbindliche Erziehung, damit sie neben ihrem Brudergemahl herrschen kann. Diese Erziehung unterscheidet sich kaum von der der männlichen Thronanwärter und enthält einen äußerst umfangreichen Lehrplan, zu dem auch das Studium der pharaonischen Traditionen gehört. Kleopatra strebt, wie alle hellenistischen Herrscher, nach universellem Wissen, dem „enkykleios paideia" (wovon der Begriff „Enzyklopädie" abgeleitet ist). Wie bereits ihre Vorgänger fördert sie während ihrer Herrschaft jede Form von Kultur. Traditionell steht dabei der Aufbau und die Pflege eines umfassenden Netzes von Schulen und Gymnasien für die zukünftige Elite, die Mädchen und Jungen griechischer Herkunft, im Vordergrund.

„Die Diskussion den Philosophen, das Theater den Dichtern, Tanz und Musik dem Chor und die gute Unterhaltung dem Festmahl ..."
Der Axiochos
(pseudoplatonischer Dialog)

„Ich will, daß du weißt [...], daß man keine besseren Musiker als die Alexandriner findet."
Athenaios von Naukratis
(um 200 n. Chr.)

Hierdurch soll nicht zuletzt die Macht des hellenistischen Herrschers über die einheimische ägyptische Bevölkerung gefestigt werden. Im Mittelpunkt des Unterrichts an diesen Schulen stehen die literarischen Fächer, wobei die Vermittlung der griechischen Literatur breitesten Raum einnimmt. Die hier behandelten Texte sind anerkannte Meisterwerke, die man in einer für den Unterricht verbindlichen Liste zusammengestellt hat. So studiert auch die Königin die am Hof äußerst beliebten Epen Homers, die Werke Hesiods und Pindars, die Tragödien des Euripides, den man noch mehr schätzte als Aischylos und Sophokles, sowie die Komödien Menanders und die Geschichtswerke Herodots und des Thukydides. Die Reden des Demosthenes vermitteln ihr die rhetorischen Grundkenntnisse, doch auch die naturwissenschaftliche Ausbildung wird nicht vernachlässigt. Sie hört Vorlesungen über Arithmetik und Geometrie, Astronomie und Medizin, also Fächer, die gerade in Alexandria eine besondere Tradition besitzen. Ihr großes Interesse für die Naturwissenschaften veranlaßt möglicherweise sogar Potheinos, sein Werk über Arithmetik und Geometrie „Kanon der Kleopatra“ zu nennen. Die Herrscherin umgibt

Ägyptische Papyri, Täfelchen und Ostraka aus hellenistischer Zeit, wie etwa diese astronomische Abhandlung aus dem Eudoxos-Manuskript (oben), bezeugen die Reichhaltigkeit des Lehrangebots an den Schulen und die Beständigkeit der pädagogischen Tradition seit der Eroberung Ägyptens durch Alexander den Großen. Die umfassende Ausbildung vermittelte die Ideale der griechischen Führungsschicht. Sie sollte moralische Werte vermitteln, aber auch intellektuelle und physische Fähigkeiten fördern.

sich zudem mit hochrangigen Gelehrten, wie dem Mediziner Dioskurides Phakas („der Warzige") oder dem Astronomen Sosigenes, der später von Julius Cäsar bei der Kalenderreform herangezogen werden wird.

Als begeisterte Kunstliebhaberin lernt sie zu zeichnen, auf einer siebensaitigen Lyra zu spielen und zu singen. Kleopatra treibt Leichtathletik als Zeichen ihrer hellenistischen Gesinnung in einer „barbarischen" Umwelt und ist wohl auch eine sehr gute Reiterin.

Ihre hohen intellektuellen Fähigkeiten sind offensichtlich, vor allem besitzt sie eine besondere Begabung für Fremdsprachen. Plutarch (Antonius 27) schreibt später, wohl ein wenig zu euphorisch: „Sie wußte ihre Zunge wie ein vielstimmiges Instrument mit Leichtigkeit in jede ihr beliebige Sprache zu fügen und bediente sich nur im Verkehr mit ganz wenigen Barbaren eines Dolmetschers; den meisten erteilte sie persönlich Bescheid, wie den Äthiopern, Troglodyten, Hebräern, Arabern, Syrern, Medern und Parthern. Noch viele Sprachen anderer Völker soll sie verstanden haben …" Offensichtlich ist Kleopatra die einzige in ihrer Familie, die den Ehrgeiz besitzt, all diese Fremdsprachen fließend zu beherrschen. Gerade ihre Sprachkenntnisse werden es ihr später erlauben, diplomatisch unabhängiger zu agieren.

Kleopatra begeistert nicht nur durch ihre Intelligenz, ihre große geistige Flexibilität und ihre umfassenden Interessen, sondern auch durch ihren Humor, der allerdings zuweilen fast schon unverschämt wirkt. Sie liebt Wortspiele und Witze, aber unter der heiteren Oberfläche stecken ein eiserner Wille und außerordentliche Tatkraft.

Die Schüler übten sich darin, griechische Schriftsteller zu lesen, zu kopieren und Aufsätze über sie zu verfassen. Besonders populär waren die Werke Homers, von dessen Ilias es hieß, Alexander habe das Werk immer mit sich geführt. Links die Statuette eines Schreibenden aus Alexandria, 1. Jh. v. Chr.

Ein Kalksteinrelief der 30. Dynastie (um 360 v. Chr.) zeigt die Herstellung von Parfum, das in Ägypten besonders geschätzt wurde.

Die Nase der Kleopatra

Ist sie wirklich nur schön? Selbst Cassius Dio (42, 34), ein begeisterter Anhänger Oktavians und daher der Kleopatra nicht sonderlich gewogen, rühmt später ihre unvergleichliche Schönheit: „Ein Vergnügen war es, sie nur anzusehen und zu hören, weil sie sich mächtig fühlte, auch den kaltblütigsten und erfahrensten Mann an sich zu fesseln ..."

Plutarch (Antonius 27) drückt es schon etwas nuancierter aus: „An und für sich war

Auf dem Rücken liegend, fertigten 1798 die Ingenieure Jean-Baptiste Prosper Jollois und René Edouard Devilliers du Terrage diese Zeichnung des Tierkreises von Dendera (spätestens 1. Jh. v. Chr.), der sich in der Osiriskapelle auf dem Dach des Hathortempels befand. Er zeigt Dekaden, Planeten und Sternbilder.

ihre Schönheit keineswegs über jeden Vergleich erhaben, noch war sie derart, daß sie jeden Beschauer notwendigerweise in ihren Bann geschlagen hätte ...", was ihre Bildnisse auch bestätigen. Zweifelsfrei aber verfügt Kleopatra über großen Charme und übt einen starken Eindruck auf ihre Umgebung aus.

Auch Plutarch (Antonius 27) berichtet von der ihr eigenen unwiderstehlichen Ausstrahlung, die provokativ und gleichzeitig attraktiv wirkte, was besonders deutlich wurde, wenn man sich mit ihr unterhielt: „Der Umgang mit ihr besaß einen unwiderstehlichen Reiz, und ihre Gestalt übte in Verbindung mit der Gewandtheit ihrer Ausdrucksweise und ihren bestrickenden Umgangsformen einen außerordentlichen Zauber auf ihre Umgebung aus." Cassius Dio (42, 34) gesteht sogar, daß „wer mit ihr redete, mit einer Grazie zu sprechen glaubte ...". Neben ihrer Stimme sind es aber vor allem ihre Intelligenz und Lebhaftigkeit, die ihre Gesprächspartner für sie einnehmen. Doch kann sie aber auch äußerst geschickt mit Schmuck und Parfum umgehen, eine typische Eigenschaft der Alexandrinerinnen, die für ihren guten Geschmack, insbesondere aber auch für ihre Art sich zu schminken, frisieren und auf eleganteste und kostbarste Weise zu kleiden, berühmt sind.

„Die Nase Kleopatras: Wenn sie kürzer gewesen wäre, hätte sich das Aussehen der Welt verändert."

Blaise Pascal

Kleopatra, die als perfektes Symbol weiblicher Verführungskunst galt, besaß zweifelsfrei ein recht charakteristisches Profil mit dominanter Nase, was ihre Büste und Münzen bezeugen, doch leider ist keine vollständige Statue von ihr erhalten geblieben. Die zahlreichen Versuche, ihr verschiedenste Porträtköpfe, wie etwa auch diesen römischen Marmorkopf (links und rechts), zuzuweisen, waren nicht immer überzeugend. Auch die zeitgenössischen Texte enthalten keine genauen Angaben über ihr wirkliches Aussehen. Die große Anziehungskraft, die sie auf ihre Umgebung ausübte, war offensichtlich vor allem ein Resultat ihrer Persönlichkeit, ihrer Intelligenz und ihrer Umgangsformen.

Kleopatra als Herrscherin

Wie ihre Vorgänger regiert Kleopatra in erster Linie durch Erlässe, Anordnungen und Vorschriften; unterstützt wird sie dabei von ihren Hofbeamten, „Freunden" und Verwandten. Mit Hilfe des Dioiketes überwacht sie die Beamten und griechischen Strategen, denen die Bezirke des Landes unterstellt sind. Aber wie alle Pharaonen muß sie persönlich in Erscheinung treten, eigenhändig Bittschriften und Gesuche entgegennehmen, Entscheidungen fällen und Recht sprechen. Ihre Aufgabe ist schwer: Die festgefahrene Bürokratie macht das Land unbeweglich; die von Hungersnöten geplagten Bauern rebellieren (50/49 v. Chr.), laufen davon und schließen sich Straßenräubern an, die das Land verwüsten.

Die ägyptische Wirtschaft ist zerrüttet, ein starker Währungsverfall hat eingesetzt, und das Land wird von Rom immer abhängiger. Auch die Feindseligkeiten

Kleopatras Tod durch eine Schlange ist mehrschichtig zu verstehen. Schlangen galten als Macht- und Schutzsymbol, standen für Wiederbelebung, Gerechtigkeit und Ordnung. Somit symbolisiert dieser Tod Wiedergeburt und Göttlichkeit.

innerhalb der königlichen Familie verschärfen sich. Kleopatras jüngere Schwester Arsinoe begehrt den Thron für sich, und auch Ptolemaios wird von den Beratern Potheinos, Achillas und Theodotos gegen sie beeinflußt.

Schnell zeigen sich jedoch Kleopatras politische Fähigkeiten, und sie trifft umgehend die notwendigsten Maßnahmen: Um den Export zu fördern, der unentbehrlich für eine wirtschaftliche Gesundung des Landes ist, wertet sie die Währung um ein Drittel ab und legt zudem Zwangsanleihen auf. Auch auf anderen Gebieten geht sie neue Wege: So strebt sie etwa einen Ausgleich für die besitzlose einheimische Bevölkerung und die ägyptische Priesterschaft an.

Vor allem aber beschäftigt sich die Herrscherin mit Außenpolitik. Auf jeden Fall will sie einen Zusammenstoß mit Rom vermeiden und zeigt dies bei mehreren Gelegenheiten: Als nämlich zwei Söhne des Bibulus Calpurnius, des römischen Statthalters in Syrien, in Alexandria ermordet werden, liefert sie ihm die mutmaßlichen Mörder aus. Dann bietet sie Pompeius, der als der traditionelle Verbündete der Lagiden gilt, ihre Unterstützung im Streit gegen Cäsar an, denn noch scheint er der Stärkere zu sein, obwohl ihn Cäsar, als er den Rubikon überschritt, aus Rom gejagt hat. So unterstützt sie ihn 49 v. Chr. mit Soldaten und Lebensmitteln. Ist es nur ein Gerücht, daß sie zu dieser Zeit ein Verhältnis mit dem ältesten Sohn des Pompeius, mit Gnaeus Pompeius hat?

Zu Beginn des Jahres 48 v. Chr. kommt es in Alexandria zu einem Aufstand. Was den Zorn der Alexandriner verursacht hat, bleibt

Inschrift aus dem Isistempel auf der Insel Philae: „Isis, die Große ..., die Leben spendet ..., die Mächtige, Herrin der Götter, kein Name ist erhabener unter den Göttinnen ..."

In der Lagidenzeit wurde Isis als allumfassende Göttin verehrt. Daher propagierte man die Göttlichkeit der Kleopatra u. a. auch durch ihren Beinamen „neue Isis". Links die Holzfigur einer trauernden Isis, 3.–1. Jh. v. Chr.

unklar. Ist es die Unterstützung für Pompeius, oder zeigen die Intrigen von Arsinoe und Ptolemaios erste Wirkung? Wie dem auch sei, Kleopatra muß aus der Hauptstadt fliehen und bei arabischen Stämmen an der Grenze Ägyptens Zuflucht suchen.

Ohne um Unterstützung von außen zu bitten, macht sie sich an die Rückeroberung ihres Reiches. Sie wirbt eine Armee von Söldnern an und marschiert an der Spitze dieses Heeres auf Alexandria zu. Noch vor Pelusion, im Vorgebirge des Kasion, trifft sie auf die von den drei Beratern des jungen Königs kommandierte Truppe. Der Kampf scheint unabwendbar, als ein Ereignis die Lage völlig verändert: Pompeius, der gerade von den Truppen Cäsars im griechischen Pharsalos vernichtend geschlagen worden ist, gelangt am 28. September 48 v. Chr. nach Alexandria.

Der Hathor-Tempel von Dendera (oben) war seit dem 3. Jt. v. Chr. eines der bedeutendsten religiösen Zentren Ägyptens. Die Liebes- und Muttergöttin Hathor ging schon früh eine enge Verbindung mit Isis ein, ohne daß beide dabei ihre Eigenständigkeit aufgaben.

„Ein Toter beißt nicht."

Der geschlagene Imperator entschließt sich nach seiner vierzigtägigen Odyssee auf dem Mittelmeer, bei den Kindern des Auletes um Gastfreundschaft zu bitten. Doch hat er die Haltung des Ptolemaios und seiner Berater falsch eingeschätzt. Potheinos und Theodotos entscheiden sich, nachdem sie alle Vor- und Nachteile erwogen haben, für den Tod des Feldherrn: Sie fürchten ihn nicht mehr, hoffen vielmehr auf die Dankbarkeit Cäsars. „Ein Toter beißt nicht", soll sich Theodotos geäußert haben.

Drei Tage nach dem Mord an Pompeius, am 2. Oktober, landet Cäsar, begleitet von zwei Legionen mit 120 Mann und 800 Reitern, bei Pelusion. Er weiß noch nichts vom Schicksal seines Widersachers und bleibt erst einmal vorsorglich an Bord. Dort überbringt ihm schließlich Theodotos als Ehrung Kopf und Ring des Pompeius. Cäsar, so wird berichtet, bricht zwar vor Erschütterung über dieses schauerliche Zeugnis in Tränen aus, doch, beruhigt durch das Verhalten der Ägypter, zieht er nun offiziell in Alexandria ein. Das Schicksal Kleopatras hängt von nun an allein von Cäsars Verhalten ab.

Die Begegnung mit Cäsar

Wie ein Sieger zieht Cäsar in die Stadt ein, doch die Bevölkerung ist empört, sie revoltiert, und viele römische Soldaten werden bei Schlägereien getötet. Doch Cäsar schafft es mit der ihm eigenen Geschicklichkeit, die Masse zu beruhigen: Er erinnert an seine Rolle als Konsul und Vertreter der römischen Gesetzlichkeit und behauptet zudem, ein Befürworter der ägyptischen Souveränität zu sein.

Cäsar beabsichtigt, den Streit zwischen Kleopatra und ihrem Bruder zu schlichten und bestellt bald beide Parteien zu sich. Potheinos bringt Ptolemaios zwar sofort nach

Pompeius Magnus (links, Porträt auf einem Silberdenar) hatte vergeblich auf die Hilfe und Gastfreundschaft Ptolemaios' XIII. gehofft und wurde ermordet.

Im September 48 v. Chr. stand Cäsar (rechts oben), der neue starke Mann Roms, vor den Toren Alexandrias, von wo aus Kleopatra hatte fliehen müssen. Seine geheime Begegnung mit ihr bestimmte die weitere Entwicklung. Die Interessen waren gleich, noch über die Leidenschaft hinaus. Aber selbst wenn er durch das Bündnis mit ihr unglaubliche Reichtümer zu gewinnen hoffte, so war es vor allem doch sie, die seine Unterstützung brauchte, um wieder in den Besitz ihres Throns zu gelangen. Im Bild des französischen Malers Jean-Léon Gérôme wurde das Kräfteverhältnis zwischen Cäsar und Kleopatra umgekehrt dargestellt. Kleopatra dominiert, während Cäsar in den Hintergrund tritt.

Alexandria zurück, hütet sich aber, die ägyptische Armee aufzulösen und läßt sie in Pelusion zurück.

Kleopatra ist zunächst sehr mißtrauisch und schickt mehrere Boten zu Cäsar, um sich von seinen Absichten zu überzeugen. Schließlich stimmt sie einem Treffen zu, doch sie wählt die Nacht und eine merkwürdige Methode, um zu Cäsar zu gelangen: Sie versteckt sich „in einem Stoffbündel“ und läßt sich in Cäsars Gemächer bringen. Cäsar ist natürlich mehr als nur überrascht, als er die junge Königin dort bald entdeckt.

Am frühen Morgen läßt der Römer den jungen Ptolemaios holen, der einen heftigen Wutanfall bekommt, als er seine Schwester bereits an der Seite Cäsars stehen sieht. Er wirft sein Diadem zu Boden, tobt, redet von Verrat und stürzt aus dem Palast. Nur knapp kann eine Meuterei verhindert werden: Cäsar versammelt

Die ungewöhnliche Art, die Kleopatra wählte, um in den Palast von Alexandria zu gelangen, ist einer der Höhepunkte der opulenten Kinofilme, die sich dem Thema des alternden Feldherrn und der jungen Herrscherin widmeten.

„Die Prinzessin wählte aus ihrem Gefolge als einzigen Begleiter Apollodoros aus Sizilien. Da sie sonst keine Möglichkeit sah, unentdeckt hineinzugelangen, legte sie sich der Länge nach in einen Bettsack, Apollodoros schnürte ihn mit Riemen zusammen und trug das Bündel" hinein.
Plutarch (Caesar 49)

die Bevölkerung Alexandrias, verliest das Testament des Auletes und gibt sich als dessen Vollstrecker aus. Er versichert sein Wohlwollen, seinen Wunsch, die beiden Staatsoberhäupter zu versöhnen, Zypern an Ägypten zurückzugeben und Arsinoe mit ihrem Bruder als Statthalter dort einzusetzen. Abschließend läßt er ein großes Versöhnungsfest feiern.

Über Ägypten herrscht nun ein merkwürdiges Dreigespann. Cäsar befindet sich in Alexandria und ist mit Vorlesungen über Philosophie und Wissenschaften, dem Besuch der Stadt und nicht zuletzt mit seiner Liebe zu Kleopatra beschäftigt. Die junge Frau besteigt erneut ihren Thron im königlichen Palast, neben ihrem Liebhaber, der sie von nun an beschützt. Ptolemaios XIII. lebt an ihrer Seite, doch mehr Geisel als Herrscher.

Während Ptolemaios XIII. immer noch im Palast gefangen saß und Potheinos, der versucht hatte, Cäsar zu vergiften, hingerichtet wurde, schaffte es Arsinoe, sich zu befreien. Sie kehrte mit ihrem Pflegevater Ganymedes zum Lager der Ägypter zurück, wo dieser Achillas hinrichten ließ und selbst die Führung übernahm. Die Ägypter bemächtigten sich nun mit ihrer Flotte der Insel Pharos und schlossen den königlichen Palast ein. Nach schwersten Kämpfen konnte jedoch Cäsar die Insel einnehmen. Aber während seine Männer noch Dämme errichteten, um Pharos mit dem Festland zu verbinden, brach erneut ein gewaltiger Kampf aus, wobei eine Panik unter den Legionären entstand und viele flüchteten.

Alexandria in Flammen

Der junge Pharao führt zusammen mit Arsinoe und Potheinos einen unterschwelligen Intrigenkrieg gegen seine Schwester und den Römer. Ende Oktober 48 v. Chr. marschiert dann Achillas an der Spitze eines Heeres von 20000 Infanteristen und 2000 Reitern von Pelusion aus auf Alexandria zu. Cäsar und Kleopatra versuchen zu handeln, doch vergebens. Während sich Kleopatra und Cäsar in den königlichen Palast zurückziehen, wo sie Ptolemaios XIII. gefangenhalten, besetzt die Armee des Achillas die gesamte Stadt. Er versucht sich des großen Hafens mit den 72 Kriegsschiffen und den 50 römischen Trieren zu bemächtigen. Cäsar beschließt, die Schiffe zu verbrennen, damit sie nicht in die Hände der Feinde fallen. Doch schon bald greift der riesige Brand auf die Hafenanlagen über, dann auf die umliegenden Gebäude und Silos, schließlich auf die große Bibliothek, die vollkommen vernichtet wird.

Die Schlacht ist entsetzlich. Man schlägt sich in allen Straßen, errichtet Barrikaden und kämpft auch auf dem Meer, wo sich Erfolge und Niederlagen die Waage halten. Endlich, nach mehrmonatigen Kämpfen, schlägt Cäsar die Ägypter und treibt sie in den Nil, in dem Hunderte von ihnen ertrinken.

Garanten für den Sieg Cäsars sind nicht nur die eintreffenden Verstärkungen, sondern auch die militärische Unfähigkeit des Ptolemaios, dessen Leichnam man, bekleidet mit einem goldenen Brustpanzer, im Nilschlamm entdeckt. Triumphierend bringt Cäsar den Panzer nach

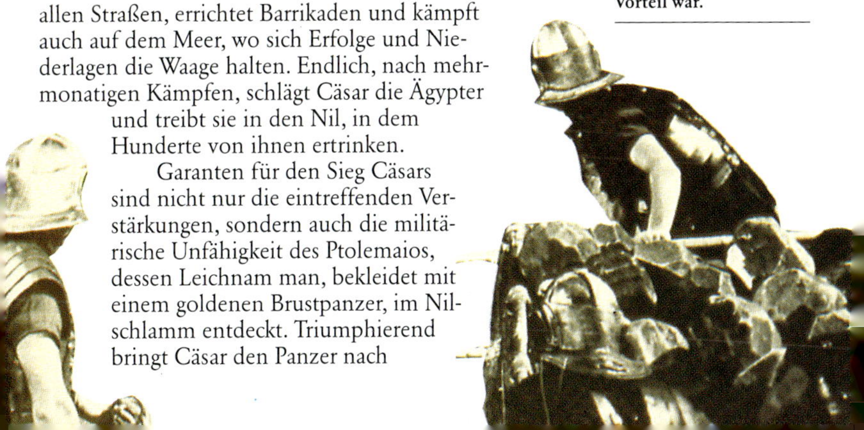

Cäsar suchte Zuflucht auf einem kleinen Boot, das aber schon bald nach dem ersten Angriff kentert. Nur knapp entkam der Feldherr dem Tod, und es gelang ihm zu fliehen. Die Gegner verlangten nun die Freilassung von Ptolemaios XIII., was Cäsar gerne befolgte, denn er war davon überzeugt, daß die Ägypter sich damit nur selbst schaden würden. Er sollte recht behalten, denn Ptolemaios XIII. jagte auf der Stelle Ganymedes davon, um seinen Platz einzunehmen, obwohl er selbst völlig unfähig war. Die Alexandriner wurden auf dem Meer besiegt, und im März 47 v. Chr. eroberte Cäsar das Lager des ägyptischen Throninhabers.

Zahlreiche antike Schriftsteller, allen voran Cäsar, verschweigen den Brand der Bibliothek (links), da die Vernichtung des gesammelten Wissens der Antike für das Ansehen Roms keineswegs von Vorteil war.

„Schon dieser listige Einfall, der Kleopatras mutwilliges Wesen verriet, gewann Cäsars Herz, vollends aber erlag er ihrem Anmut und dem Reiz ihres Benehmens ...", und schließlich setzte er sie als ägyptische Königin ein.

Plutarch
(Caesar 49)

„Cäsar gibt Kleopatra den Thron Ägyptens zurück" von Pietro Berrettini, genannt Pietro da Cortona, um 1640: Auf diesem Bild stellte Pietro da Cortona Cäsar (Mitte) in traditioneller Weise mit Lorbeerkranz auf dem Kopf und purpurrotem Feldherrnmantel dar. Er führt eine junge, fast unterwürfig wirkende Kleopatra zum Thron. Arsinoe (rechts) blickt erbost herüber, im Bewußtsein, daß sie den Anspruch auf diesen Platz endgültig verloren hat. Kleopatra folgen die beiden treuen Dienerinnen (links) Eiras und Charmion. Bei den Soldaten im Hintergrund handelt es sich ohne Zweifel um Legionäre, die Cäsar zum Schutz der Königin in Alexandria stationiert hat.

Alexandria zurück, wo sich ihm die um Gnade flehende Menge zu Füßen wirft. Es ist der 27. März 47 v. Chr., und der Liebhaber Kleopatras ist nun unumstrittener Herrscher.

Der Triumph Kleopatras

Die junge 22jährige Witwe hat jetzt ihren Thron zurückgewonnen. Kleopatra heiratet nun ihren zweiten Bruder, Ptolemaios Junior, der als Ptolemaios XIV. Philopator ihr

Im Frühjahr 47 v. Chr. reisten Cäsar und Kleopatra den Nil hinauf. Gerade weil die Angaben der antiken Schriftsteller über diese Flußfahrt außerordentlich zurückhaltend sind, waren sie ein steter Quell für die Phantasie der Nachwelt. Doch trotz aller erotischen Leidenschaft, die Fahrt war wohl eher ein politischer Schachzug, um dem Volk die Königin an der Seite des machtvollen Rom zu präsentieren.

Mitregent wird. Der junge Pharao ist aber erst zehn Jahre alt, und erneut hält Kleopatra die Macht in ihren Händen.

Cäsar stellt in Alexandria eine aus drei Legionen bestehende Armee zusammen, um die Königin zu beschützen. Er befriedet die Hauptstadt und gewährt den Juden Alexandrias, die ihn während der Kämpfe unterstützt haben, die ständige Aufenthaltsgenehmigung. Im Frühjahr 47 v. Chr. begleitet der Imperator Kleopatra auf

„... es gibt doch nichts, was ich lieber ergründen möchte als [...] die Gründe für das Steigen eures Flusses und das Rätsel seines Ursprungs."
Lucan **(X, 188ff)**

Für Cäsar war die Reise auf dem Nil auch eine Studienreise. Nachdem Kambyses und Alexander umsonst die geheimnisvolle Nilquelle gesucht hatten, war Cäsar natürlich darauf besonders neugierig. So berichtet Lucan, daß der Römer mit dem alexandrinischen Weisen Acoreus die halbe Nacht über diese Frage diskutiert hätte. Bis zur Entdeckung der Quellen sollten jedoch noch fast zwei Jahrtausende vergehen.

einer langen Reise auf dem Nil an Bord eines prachtvollen Schiffes. Die Reise hat zwei Ziele: Cäsar noch enger an Kleopatra zu binden und ihm das Land näherzubringen. Als Cäsar im Mai schließlich abreist, um einen Blitzkrieg im Orient durchzuführen, bei dem der berühmte Spruch: „Veni, vidi, vici" („Ich kam, ich sah, ich siegte") fiel, ist Kleopatra schwanger.

Ein Sohn für Cäsar?

Am 23. Juni 47 v. Chr. gebärt Kleopatra ihr erstes Kind, einen Jungen, der den Namen Ptolemaios Cäsar erhält, den das Volk Alexandrias aber bald nur noch Kaisarion nennt. Es besteht kein Zweifel, daß Cäsar mit der Namengebung des Kindes einverstanden war und somit seine Vaterschaft anerkannte.

Kleopatra läßt Münzen prägen, auf denen sie als göttliche Isis-Aphrodite und ihr Sohn als Horus-Eros abgebildet werden. Auch läßt sie die Geburt entsprechend der altägyptischen Geburtslegende auf den Wänden des Tempels von Armant darstellen: Kleopatra ist neben dem Gott Amun, dem mythischen Vater des Kindes, abgebildet, während die Geburt selbst von schützenden Göttern begleitet wird. Die Priesterschaft versichert gleichzeitig, daß der junge Kaisarion vom Gott Amun in der Gestalt Cäsars gezeugt wurde: Dadurch gilt das Kind als legitimer Thronerbe.

„Auch gestattete er es, dem gerade geborenen Sohn seinen Namen zu geben. Dieser sei [...] in Figur und Gang ähnlich gewesen."

Sueton
(Julius 52, 1–2)

Kleopatra in Rom

Im Lauf des Sommers 46 v. Chr. verläßt Kleopatra Ägypten, da ihre Macht nun gefestigt scheint, um sich in Rom mit Cäsar zu treffen. Ihr Kind und ihren Brudergemahl nimmt sie mit. Ohne Zweifel begleitet sie den Imperator auf seinem Triumphzug anläßlich seiner Siege in Gallien, Ägypten, Pontos (Kleinasien) und Afrika. Die Zuschauer sehen unter den Massen von Gefangenen und Schätzen auch die Bildnisse der Verräter Potheinos und Achillas, des Nils und des Pharos sowie die in Ketten mitgeführte Arsinoe.

Als die Nacht hereinbricht, steigt Cäsar hinter 40 Fackeln tragenden Elefanten vom Kapitol herab. Wie auch sonst üblich, unterlassen es die Soldaten nicht, ihren General mit seinem neuen Liebesglück zu verspotten. Cäsar nimmt es ihnen jedoch nicht übel, denn er weiß ganz genau, daß die Legionäre in ihrer derben Art nur das aussprechen, was die übrige Bevölkerung auf weit boshaftere Weise denkt.

Tatsächlich steigert sich der Ärger über die „Ägypterin" in kürzester Zeit, denn in den Augen der Römer beschwört sie die Gefahr eines erneuten Königtums. Zusätzlich stellt sie für viele die Verkörperung orientalischer Unzucht dar, besonders da Cäsar seit dem Jahr 49 v. Chr. mit der angesehenen Römerin Calpurnia verheiratet ist.

Zu einem ihrer schärfsten Gegner wird Cicero, der sich bei ihr zunächst noch einzuschmeicheln versucht, doch dann von der herablassenden Behandlung durch die

War das Kind, das kurz nach der Abreise Cäsars aus Ägypten geboren wurde, der Sohn des Imperators oder nicht? Schon in der Antike stellte man sich diese Frage. Einige, meist Römer, hielten ihn nur für ein uneheliches Kind der Königin. Kleopatra aber gab ihm den Name Ptolemaios Cäsar und ließ sich mit ihm auf Reliefs in den Tempeln von Dendera und Armant darstellen: Es war ihr wichtig, sich von den ägyptischen Priestern legitimieren zu lassen, und sie nutzte dazu ihre Gleichsetzung mit der Göttin Isis. In Armant stellt ein Relief (linke Seite oben) im Mammisi („Geburtshaus") die Geburt des Horus (= Thronfolger) dar, der von zahlreichen Gottheiten, unter denen sich auch Kleopatra befindet, geschützt wird. In Dendera (links) bringt Kaisarion ein Opfer für Isis-Kleopatra dar. Die zahlreichen Statuen der Isis mit Horus (linke Seite unten) trugen zur Popularisierung von Kleopatra und Kaisarion bei.

Königin derart schockiert ist, daß er nicht mehr aufhört, sie anzugreifen und schließlich behauptet, daß alles „Übel aus Alexandria komme".

Gleichwohl sorgt Cäsar dafür, daß Kleopatra standesgemäß im luxuriösen Gartenviertel auf der anderen Seite des Tibers untergebracht wird. Der Imperator trotzt der Öffentlichkeit aber noch weit mehr. Er ehrt die Königin ganz offiziell, indem er eine goldene Statue der Kleopatra-Venus im Tempel der Venus-Genitrix aufstellen läßt. Venus ist aber nicht nur die Schutzgöttin des römisches Volkes, sondern auch die des julischen Patriziergeschlechtes, zu dem Cäsar gehört. Er verbindet also eine vergöttlichte orientalische Königin mit einer nationalen Vorvätergöttin. Und so stellt sich für viele bald die Frage, ob Cäsar nicht ein Königtum nach hellenistischem Vorbild anstrebt.

Cäsar wurde am 15. März 44 v. Chr. bei einer Senatssitzung von republikanischen Verschwörern ermordet. Unter ihnen befand sich auch Brutus, der vielleicht sogar sein leiblicher Sohn war. Bei seinem Anblick schrie er verzweifelt auf: „Auch du, mein Sohn?"
Sueton
(Caesar 82)

„Er wurde durchbohrt wie ein wildes Tier, sich windend unter den Händen seiner Mörder [...] 23 mal soll er getroffen worden sein." *Plutarch*
(Caesar 66)

Schon wieder allein

Die Macht und Popularität Cäsars ist nicht nur ungebrochen, sie kann sich auch noch steigern: So wird er im Jahr 46 v. Chr. auf zehn Jahre zum Diktator und auf drei Jahre zum Sittenpräfekt, dann im Februar 44 zum ständigen Diktator ernannt. Das Gerücht, er wolle König werden, wird immer lauter. Als ihm aber Antonius bei der Zeremonie des Lupercalienfestes am 15. Februar 44, wo er in

altrömischer Königstracht erscheint, ein königliches Diadem reicht, lehnt er dieses dreimal strikt ab.

Trotz dieser Ablehnung kann er seine Gegner nicht beruhigen, einen Monat später, am 15. März 44 v. Chr., ermorden sie Cäsar unter einer Statue des Pompeius.

Mit Cäsar verliert Kleopatra ihren mächtigsten Verbündeten. Es bleibt ihr nichts anderes übrig, als die römische Hauptstadt schnellstens zu verlassen und mit ihrem Gatten sowie ihrem Kind nach Alexandria zurückzukehren.

Die Wünsche Ciceros sind somit in Erfüllung gegangen, und äußerst zufrieden schreibt er am 15. April an seinen Freund Attikus, daß ihm „die Flucht der Königin nicht unangenehm" sei.

Cicero, obwohl leidenschaftlicher Republikaner, nahm an der Verschwörung nicht teil, wahrscheinlich war er nicht einmal von der geplanten Ermordung Cäsars unterrichtet. Sicher ist, daß er die Königin haßte, denn: „... an ihre Unverschämtheit [...] kann ich nicht ohne Empörung denken."

Cicero
(Attikus 15, 15,2)

Drittes Kapitel

HERRSCHERIN IM ORIENT

Bei der Rückkehr aus Rom erwarten Kleopatra in Alexandria neue Schwierigkeiten. Ein Thronräuber gibt sich auf Befehl von Arsinoe IV. als Ptolemaios XIII. aus und sorgt für Verwirrung. Zu geringe Überschwemmungen des Nils rufen zudem in den Jahren 42/41 v. Chr. Hungersnöte und die Pest hervor. Vor allem aber beunruhigt die Königin die internationale politische Lage.

„Ich werde nicht die erste Frau sein, welche die Städte am Nil beherrscht: Alexandria fragt nicht nach dem Geschlecht und weiß eine Königin zu akzeptieren.“

Lucan (X, 90 ff.)

Ptolemaios XIV. stirbt, und der junge Ptolemaios Cäsar wird nun neben seiner Mutter zum König ernannt. Kleopatra steht also de facto wieder allein an der Spitze ihres Landes.

Zerreißprobe in Rom

Nach dem Tode Cäsars befindet sich Rom im Krisenzustand. Zwei ehrgeizige Männer kämpfen um die Nachfolge und damit um die Macht: Antonius, der ehemalige Mitkonsul Cäsars, und Oktavian, Cäsars Zögling, der von ihm zum gesetzmäßigen Nachfolger ernannt worden war. Beiden gegenüber aber steht der Senat mit Cicero an der Spitze, der zu einer republikanischen Regierung zurückkehren will. Antonius überwirft sich mit Oktavian, der vom Senat unterstützt wird, und es kommt zu einem Bürgerkrieg. Am 21. April 43 v. Chr. wird Antonius vor Mutina geschlagen. Mit Waffengewalt erzwingt Oktavian vom Senat seine Amtseinsetzung als Konsul.

Der temperamentvolle Konsul Antonius (links unten wahrscheinlich ein Porträt des Politikers aus dem Forum Romanum), ein Vertrauter des ermordeten Diktators, wurde von der Armee unterstützt und genoß große Popularität. Er war leidenschaftlich und hochherzig, aber ohne große moralische Bedenken, wenn es um sein Vergnügen ging. Antonius besaß eine erstaunliche Energie und Einsatzbereitschaft, gleichzeitig aber auch große Nonchalance und Labilität, was vielleicht seine Vorliebe für willensstarke Frauen erklärt.

Auf italienischem Boden gewinnt er nun zunehmend an Macht. Doch Lepidus, der ehemalige Befehlshaber der Reiterei Cäsars, und die abendländischen Provinzen haben sich Antonius angeschlossen. Oktavian sieht die Gefahr, daß ihm die Macht entgleiten könne, und so trifft er eine Vereinbarung mit seinen Gegnern, die am 23. November für fünf Jahre geschlossen wird (die „Lex Titia"). Dieses zweite Triumvirat besteht nun aus Antonius, Oktavian und Lepidus. Doch auch dieses Bündnis fordert einen hohen Blutzoll unter den Römern. Um die Widersacher zu vernichten, werden die schlimmsten Massaker verübt, wobei Hunderte den Tod finden. Unter den Opfern der Auseinandersetzungen befindet sich auch Cicero, der sich nicht nur durch seine 14 „philippischen Reden" Antonius zum Feind gemacht hat. Im Jahr 43 läßt ihn Antonius ermorden, ihm den Kopf und die rechte Hand abschneiden,

Rivale des Antonius war Oktavian (der später den Titel Augustus trug), der Großneffe, Adoptivsohn und Erbe Cäsars. Beim Tod Cäsars war er erst 18 Jahre alt, er schien jung und beeinflußbar und wurde daher von Cicero und einem großen Teil des Senats aktiv unterstützt. Trotz seiner Jugend konnte der „kleine achtzehnjährige Junge" (so Cicero) aber außerordentlich berechnend, kalt und unerbittlich sein und verfolgte während der Zeit des zweiten Triumvirats seine Ziele überaus ehrgeizig und gnadenlos. Später, am Ziel seiner Wünsche, wandelte er sich zu einem klug agierenden, glänzenden Staatsmann, der von Verhandlungen mehr hielt als vom Krieg.

Das „Blutbad der Triumvirn" von Antoine Caron (um 1566) zeigt das entsetzliche Gemetzel, das während des zweiten Triumvirats unter den wahren und vermeintlichen Gegnern angerichtet wurde. Diese Blutbäder, die den Ächtungserklärungen der drei Herrscher folgten, bewirkten später eine tiefe Abscheu vor dieser Zeit. Sie wurden zum Synonym für die Schrecken eines jeden Bürgerkriegs.

abschneiden, um sie dann auf der Rednerbühne des Marktplatzes in Rom auszustellen.

Von den Mördern Cäsars, die mit ihren Truppen ins Ausland geflüchtet sind, befinden sich Brutus in Makedonien und Cassius in Syrien, wo er gegen den cäsarianischen Heerführer Dolabella kämpft. Der römische Konflikt nähert sich Ägypten, und Kleopatra ist gezwungen, mit größter Vorsicht zu handeln. Sie lehnt jegliche Unterstützung der Republikaner ab, von denen sie nur Schlechtes zu befürchten hat, auch wenn die römischen Legionen, die in Alexandria stationiert sind, auf der Seite des Republikaners Cassius stehen.

Die Triumphe des Antonius im Orient

Im Oktober 42 v. Chr. besiegt die von Antonius geführte Armee des Triumvirats das Heer der „Republikaner" in Philippi (Makedonien). Cassius und Brutus nehmen sich das Leben, alle hochrangigen Gefangenen werden niedergemetzelt: Lucan spricht später von der „Schlachtung des römischen Volkes".

Während Oktavian nun für den Westen des Reiches zuständig ist, erhält Antonius den Osten. Mit einer gewaltigen Kraftanstrengung gelingt ihm eine Neuordnung der Verhältnisse im Orient. Vorrangig ist er bemüht, die der römischen Armee versprochenen Gelder zusammenzubringen, denn er hofft so, seine Machtposition gegenüber Oktavian ausbauen zu können.

Trotzdem geht er auch seinem eigenen Vergnügen nach. So hält er sich eine Weile in Athen auf, studiert hier u. a. Rhetorik und läßt sich auch in religiöse Mysterien einweihen. Später begibt er sich nach Ionien, wo er sich bei einem Bacchantenumzug in der Stadt Ephesos als „neuer Dionysos" feiern läßt. Sicherlich führt er hier ein glückliches Leben, doch seine Aufgabe, Tribute und hohe Steuern einzutreiben, vernachlässigt er nie. Langsam nähert er sich dabei Ägypten und Kleopatra: Er reist durch Mysien, Bithynien, Phrygien und Kappadokien,

Die „Ankunft der Kleopatra in Tarsos" von Frans Franken II. (17. Jh.) zeigt die Herrscherin in einem Alter, in dem nach Plutarch (Antonius 25) die „Frauen im vollen Glanz ihrer Schönheit stehen und auch ihr Geist zur Reife gediehen ist".

Antonius glaubte, von Herkules (unten) abzustammen, der Kraft, Mut und Tugend symbolisierte. Aber er verstand sich auch als lebender Dionysos, gefeiert von Silenen, Menaden und Satyrn: als ein Held und Gott in der Tradition der Ptolemäer.

und er regelt schließlich die Judäafrage, indem er Herodes und dessen Bruder Phasael gegen den Willen des Volkes zu Tetrarchen ernennt.

Begegnung in Tarsos: Kleopatra – Aphrodite und Antonius – Dionysos

Im Jahr 41 v. Chr. geht Antonius mit seiner Flotte im kilikischen Tarsos an der Kydnosmündung vor Anker. Er befiehlt Kleopatra zu sich. Sie soll ihm über Alexandrias angebliche Unterstützung des Cassius berichten. Doch dies ist nur ein Vorwand. Wahrscheinlicher ist, daß Antonius die ruhmreiche Königin treffen will, um sich ihrer militärischen und finanziellen Hilfe zu versichern, denn wie vor ihm schon Cäsar, plant auch er einen Feldzug

Sie „setzte aber die größte Hoffnung auf den Reiz und Zauber ihrer Person [...] Antonius schickte nun und ließ sie zum Mahle einladen, aber sie bat, er möchte lieber zu ihr kommen. [...] Er fand eine über alle Beschreibungen gehende Ausstattung, besonders staunte er aber über die Menge der Lichter."

Plutarch
(Antonius 25, 26)

Die romanhafte Schilderung über das Treffen von Antonius und Kleopatra durch Plutarch war für viele Künstler eine scheinbar unerschöpfliche Quelle der Inspiration. Giovanni Battista Tiepolo (18. Jh.) widmete diesem Thema zwei Fresken im venezianischen Palazzo Labia. Auf dem einen (links) eilt Antonius Kleopatra entgegen, die aus ihrem prunkvollen Schiff steigt. Auf dem anderen (rechts) setzt die Königin den Römer in Erstaunen, als sie bei einem Festmahl eine riesige Perle in Essig auflöst, um dieses Getränk dann zu sich zu nehmen. Dieses Detail, von dem nicht Plutarch, sondern Plinius der Ältere berichtete, trug natürlich zur weiteren Mythenbildung um Kleopatra bei.

gegen die Parther, die mittlerweile bis zu den Randgebieten Judäas vorgedrungen sind. Er träumt von einem endgültigen Sieg gegen diesen schon traditionellen Gegner Roms. Kleopatra hat Interesse daran, ein Bündnis mit dem gerade im Orient so ruhmreichen Antonius zu schließen. Trotzdem läßt sie zuerst einmal auf sich warten, und erst nach mehreren drängenden Briefen willigt sie ein, nach Tarsos zu kommen.

Es ist, als wenn Aphrodite selbst den Kydnos befährt, um Dionysos zu treffen. Kleopatra setzt ihre Ankunft, die auch bei Plutarch (Antonius 26) breitesten Raum einnimmt, eindrucksvoll in Szene: Man sieht, wie sie „den Kydnos in einem Schiff mit vergoldetem Heck hinauffuhr, mit aufgezogenen Purpursegeln, während die versilberten Ruder sich zur Melodie von Flöten bewegten, die mit Schalmeien und Kitharen harmonisch zusammenklangen. Sie selbst lag unter einem reich mit Gold verzierten Sonnendach, gekleidet und geschmückt, wie man Aphrodite gemalt sieht, und Knaben wie gemalte Liebesgötter standen zu beiden Seiten und fächelten ihr Kühlung zu. Ebenso standen die schönsten Dienerinnen, gekleidet wie Nereiden und Chariten, teils an den Steuerrudern, teils bei den Tauen. Herrliche Düfte von reichlichem Räucherwerk verbreiteten sich über die Ufer."

Auch nach der Ankunft setzt Kleopatra ihre Selbstinszenierung fort: Die Einladung des Antonius wird zurückgewiesen, statt dessen bittet Kleopatra den Römer auf ihr prunkvolles Schiff. Dort veranstaltet sie für den Gast ein prächtiges, von unzähligen Fackeln illuminiertes Bankett. Vier Tage hintereinander folgt ein Festmahl dem nächsten, eines prachtvoller als das andere. Mit 28 Jahren ist die junge Königin zur vollen Schönheit erblüht, sie ist eine reizvolle Gesprächspartnerin, und der selbstbewußte 42jährige Feldherr ist Vergnügungen keineswegs abgeneigt. So ergibt sich zwangsläufig ein Einklang der beiden, und Kleopatra erreicht schon bald ihr Ziel: die Hinrichtung von Arsinoe und Pseudo-Ptolemaios XIII.

Befreit von ihren Gegnern, kehrt sie nach Ägypten zurück, um dort auf Antonius zu warten.

„Den Antonius eroberte sie so vollständig, daß er [...] sich einfach von ihr nach Alexandria mitnehmen ließ [...] und das kostbarste Gut vergeudete und verpraßte: die Zeit."

Plutarch
(Antonius 28)

Ein „unnachahmliches" Leben

Im Jahr 41 v. Chr. begibt sich Antonius nach Alexandria, um dort den Winter zu verbringen. Er bleibt ein ganzes

Jahr, geht zu Wettkämpfen und kulturellen Veranstaltungen, besucht Sehenswürdigkeiten und Heiligtümer. Er lebt wie ein Zivilist, verzichtet auf die römische Toga und trägt die griechische *Chlamys*. Das Leben, das er mit Kleopatra führt, ist von Festen und Vergnügungen bestimmt. Die Königin ist immer an seiner Seite. Sie begleitet ihn zum Fechten und zur Jagd; sie spielen Würfel und essen bei exquisiten Festgelagen von edelsteingeschmückten Tellern. Nachts lieben sie es, verkleidet durch die Stadt zu streifen und Streiche zu spielen. Mit einer Gruppe Gleichgesinnter gründen sie eine Bruderschaft mit dem Namen „amimetobion" („die unnachahmlich Lebenden"), deren Handlungen vom Wunsch nach dauerhafter Freude, Freiheit und

„Wenn er nachts an die Türen und Fenster der einfachen Leute trat und mit ihnen seine Späße trieb, ging sie mit und flanierte herum, als seine Dienerin verkleidet [...]. Indes fanden die Alexandriner an seinen Possen auch Gefallen und machten den Spaß nicht ohne Witz und Geist mit."

Plutarch
(Antonius 29)

Lebenstrunkenheit bestimmt sind. Sie entwickeln einen regelrechten Kult um ihre Lebensart, die allerdings einer kleinen sozialen und intellektuellen Elite vorbehalten bleibt. Kleopatra trägt zwar sogar einen Ring mit der Inschrift „methe" („Trunkenheit"), doch verliert sie bei all ihren Ausschweifungen das Wichtigste nie aus den Augen, denn oft erinnert sie den Römer mit Humor daran, daß sie in ihm mehr als nur einen angenehmen Spielgefährten sieht. So läßt sie ihm z. B. eines Tages beim Angeln am Mareotissee einen Salzhering an den Haken hängen und sagt dann zu dem erstaunten Angler: „Imperator, überlasse doch die Angelrute uns Königen von Pharos und Kanobos, dein Fang sind Städte, Königreiche und Kontinente" (Plutarch, Antonius 29).

Antonius verläßt Kleopatra am Ende des Winters 40 v. Chr., da sich in den nördlich gelegenen Regionen die militärische Lage erneut zuspitzt. Die parthische Armee belagert den Süden Kleinasiens; Syrien und Judäa sind direkt gefährdet, selbst Herodes muß nach Rom fliehen. Sechs Monate nach der Abreise des Antonius bringt Kleopatra Zwillinge zur Welt: Kleopatra Selene („Mond") und Alexander Helios („Sonne").

Der Herrscher über den Orient

Antonius segelt aber sogleich weiter nach Griechenland, denn seine Frau Fulvia hat ihn nach Athen bestellt, da der Volksaufstand, den sie ohne sein Wissen gegen Oktavian angezettelt hat, eine bedrohliche Wendung nimmt. Die Unterredung verläuft stürmisch, und Antonius ist wütend. Er reist nach Brundisium ab, um sich

In Rom wie auch in Ägypten waren die meisten Frauen dieser Zeit nicht besonders emanzipiert; es waren nur wenige, die durch ihren Mann oder ihre Familie auch im politischen Leben Einfluß nahmen. Octavia (links) und Livia (unten) waren dafür typische Beispiele.

mit Oktavian zu versöhnen. Nach schweren Auseinandersetzungen schließt er im Oktober 40 v. Chr. einen Vertrag mit Oktavian und Lepidus: Er erhält die Führung über den Orient, Oktavian über Europa und Lepidus über Afrika. Seine Frau Fulvia sieht Antonius nicht wieder, denn sie stirbt bald nach der Einigung der Kontrahenten.

Kleopatra, die sich über die beschlossene Teilung eigentlich freuen könnte, hat trotzdem Gründe, enttäuscht zu sein, denn Antonius bleibt in Rom und heiratet, um den Vertrag zu besiegeln, Octavia, die Schwester Oktavians. Ihr erstes Kind, ein Mädchen namens Antonia Major, wird im Sommer 39 v. Chr. geboren. Obwohl ihn ein ägyptischer Astrologe vor Oktavian gewarnt hat, verstärkt Antonius noch das Bündnis mit seinem Schwager, indem er in Funktion eines Priesters den neuen Kult für den vergöttlichten Julius Cäsar einweiht. Der Friede scheint in Rom wieder eingekehrt, und im Jahr 39 schließen die Triumvirn sogar mit Sextus Pompeius, ihrem letzten großen Gegner, in Sizilien den Vertrag von Misenum.

Auch an den Grenzen Ägyptens verstärkt Rom seine Positionen. Herodes, ein Feind der Kleopatra, aber schon seit langem mit Antonius verbündet, ist bereits ein paar Monate vorher durch den Senat zum König von Judäa, Idumäa und Samaria ernannt worden. Es gibt also einige Probleme für Kleopatra!

Während Oktavian, der eher von zarter Gesundheit war, nur widerwillig Sport trieb, war Antonius ein ausgezeichneter Athlet, der voller Begeisterung Wettkämpfe organisierte und auch finanzierte.

Ein unsicheres Bündnis

Im Herbst 39 v. Chr. segelt Antonius mit seiner Frau Octavia nach Athen und bleibt hier bis zum Frühjahr 37. Er verbringt offensichtlich eine angenehme Zeit, erhält sogar die *Gymnasiarchenwürde*. Als „neuer Dionysos“ wird er im Winter 39/38 durch eine mystische Zeremonie mit der Athena Polias, der Stadtgöttin, verbunden. Die zahlreichen

Feste, die er für die Athener ausrichten läßt, finanziert Antonius mit erpreßten Tributen.

Seine Herrschaft über den Orient scheint unter einem günstigen Stern zu stehen, denn während seines Aufenthalts in Athen siegt seine Armee zweimal über die Parther.

Ihre erneute, durch die Heirat gefestigte Verbindung dokumentieren Antonius und Kleopatra durch Silberdenare, die ihre Bildnisse tragen.

Doch seine Beziehungen zu Oktavian, der 38 v. Chr. Livia geheiratet hat, verschlechtern sich zunehmend. Ein Krieg kann nur durch die Vermittlung Octavias verhindert werden. Trotzdem wird das Triumvirat im Sommer 37 v. Chr. um fünf Jahre verlängert.

„Doch jenes furchtbare Übel …, die Liebe zu Kleopatra …, entflammte erneut."

Antonius bringt seine Frau, die ihr zweites Kind erwartet, nach Italien. Im Herbst 37 v. Chr. verläßt er sie und geht nach Antiochia. Er ruft Kleopatra zu sich, wohl nicht nur aus neu entflammter Liebe, sondern auch, um sich mit ihr gegen die Parther zu verbünden. Kleopatra eilt mit ihren Zwillingen herbei und vermählt sich mit ihm nach ägyptischer Tradition, die im Gegensatz zur römischen eine Zweitehe erlaubt.

Von diesem Moment an beginnt ein neuer Abschnitt im Leben der ägyptischen Königin. Zusammen mit Antonius verbringt sie wundervolle Tage im antiochischen Daphneviertel, das für seine Lorbeer- und Zypressenhaine berühmt ist. Allerdings vergißt sie dabei nicht ihre politischen Ambitionen, denn Kleopatra will von den Römern unbedingt die an Ägypten grenzenden Länder Koile-Syrien und Judäa erhalten. Antonius einigt sich mit ihr auf das Chalkis-Reich (Syrien), die syrische Küste, Zypern und einige Gebiete in Kilikien, Kreta und Judäa, darunter auch die Stadt Jericho, deren König Herodes nun von ihr abhängig wird. Antonius will den von Rom abhängigen Verbündeten an der Grenze Ägyptens behalten, trotz oder vielleicht gerade wegen der Feindschaft zu Kleopatra.

Ein unheilvoller Krieg gegen die Parther

Gestärkt durch die militärische und finanzielle Unterstützung Kleopatras, entschließt sich Antonius im Frühjahr 36 v. Chr., gegen die Parther zu ziehen. Die Königin reist mit ihm bis zum Euphrat, dann kehrt sie als siegreiche Herrscherin über Judäa nach Ägypten zurück. Ihr persönlicher Feind Herodes nimmt sie auf ihrer Reise äußerst respektvoll auf und führt Pacht-

verhandlungen mit ihr, schließlich geleitet er sie noch bis an die ägyptische Grenze nach Pelusion. Kleopatra, die ihre neuen Landgüter besucht hat, bringt aus Jericho Stecklinge des Balsambaums mit, die sie in Heliopolis anpflanzen läßt.

Die Geburt von Zwillingen besiegelte die enge Beziehung zu Antonius, der die Kinder offiziell anerkannte, was in Rom allerdings einige Aufregung hervorrief: „Aber wohlgewandt, für schändliche Dinge schöne Begründungen zu erfinden, sagte er, die Größe des Reiches der Römer erweise sich nicht in dem, was sie nähmen, sondern was sie verschenkten, und durch eine große Nachkommenschaft und die Zeugung vieler Könige werde der Adel weiterhin ausgebreitet." (Plutarch, Antonius 36). Tatsächlich hatte Antonius schon eine Tochter von seiner ersten Frau, zwei Söhne von Fulvia und zwei Töchter aus der Ehe mit Octavia.

Nach ihrer Rückkehr läßt sie anläßlich ihres Erfolges in Alexandria Münzen prägen, die sie und Antonius als hellenistische Herrscher, als Verkörperungen von Isis-Aphrodite und Osiris-Dionysos zeigen.

Das Kind des Antonius, das sie nun zur Welt bringt, wird Ptolemaios Philadelphos genannt und damit als echter Lagide ausgewiesen; auf einen römischen Zusatz verzichtet Kleopatra.

Zur gleichen Zeit erlebt Antonius einen Rückschlag nach dem anderen. Mitten im gefährlichen Winter ist er gezwungen, den Rückzug anzutreten. Er verliert große Teile seiner Armee durch Hungersnot, die Ruhr und die unablässigen Angriffe der furchteinflößenden Parther.

Vor der östlichen Grenze Ägyptens regierte seit 40 v. Chr. Herodes der Große gegen den Willen des alten Priester- und Königsgeschlechts über das Königreich von Judäa. Herodes, ein leidenschaftlicher Anhänger des Hellenismus, verdankte seinen Thron der Vermittlung des Antonius im Senat. Unten das Modell einer judäischen Festung in Jerusalem.

20000 Infanteristen und 4000 Reiter lassen ihr Leben. Der erbärmliche Rückzug endet nach einem weiteren Verlust von 8000 Mann in Syrien, wo der geschlagene Feldherr zusammen mit seinen nur noch in Lumpen gekleideten Soldaten auf die Hilfe Kleopatras wartet. Doch trotz der Niederlagen stehen die Soldaten während dieser Zeit fest zu ihrem Feldherrn. Plutarch (Antonius 43) nennt als Gründe dafür einige Wesenszüge des Antonius, u. a. Wortgewandtheit, Schlichtheit, große Freigebigkeit, Witz, Leichtigkeit und Gewandtheit im Umgang mit Menschen. „Damals erreichte er vollends durch seine teilnahmsvolle Sorge um die Leidenden und seine Hilfsbereitschaft für jeden Bedürftigen, daß die Kranken und Verwundeten noch freudigeren Eifer zeigten als selbst die Gesunden." Endlich kommt die Königin mit Lebensmitteln, Kleidung und Gold herbei und nimmt die Überlebenden mit nach Alexandria.

Kleopatra war Herodes gegenüber außerordentlich feindlich eingestellt, und nach Flavius Josephus tat sie „alles, was in ihrer Macht stand, um Antonius zu überzeugen, Herodes sterben zu lassen". Doch ihre Mühen waren erfolglos, da das Bündnis mit Herodes in diesem unsicheren Gebiet für Rom von großer Bedeutung war und auch Antonius bei seinem Feldzug gegen die Parther vor Ort Unterstützung benötigte. Dieser Feldzug wurde notwendig, weil die Parther im Osten Syriens und Judäas erneut Angriffslust zeigten und sich auch für ihre blutige Niederlage und Demütigung durch Crassus im Jahr 53 v. Chr. rächen wollten.

Die Außenpolitik Ägyptens

Im Winter 35/34 v. Chr. forciert Kleopatra die diplomatischen Beziehungen zu ihren Nachbarn. Ein Bündnis mit dem armenischen König soll durch die Verlobung ihres Sohnes Alexander Helios mit dessen Tochter zustande kommen, was allerdings scheitert.

Dann bezieht sie Stellung in einem innerjudäischen Konflikt, denn Herodes hat ernsthafte

Probleme mit den Nachkommen und Anhängern des alten hasmonäischen Priester- und Königsgeschlechts, zu denen auch seine Frau Mariamme und seine Schwiegermutter Alexandra gehören. Nach deren Gefangennahme zwingt Kleopatra ihren alten Feind, Alexandra auf freien Fuß zu setzen. Schließlich wird ein Vertrag mit dem Mederkönig gegen die Parther geschlossen und Alexander Helios mit der medischen Prinzessin Iotape verlobt: Ein weiterer Feldzug kann somit ins Auge gefaßt werden.

Möglicherweise trug auch Kleopatra eine komplizierte Modefrisur, wie diese vornehme Alexandrinerin (oben). Der Orientalismus in der Kunst, der nach dem Ägyptenfeldzug Napoleons gerade in Frankreich in Blüte stand, war weit davon entfernt, Kleopatra als Herrscherin darzustellen. Vielmehr zeigte man eine verträumte, etwas wehmütig blikkende Herrscherin in der Privatsphäre eines exotischen Gemachs, dessen Ausstattung dem populären orientalisierenden Stil der Zeit entgegenkam. Links das Gemälde „Ägyptisches Leben oder Kleopatra und ihre Dienerinnen" von Georges Antoine Rochegrosse (um 1890).

Die Tränen der Kleopatra

Bald aber sieht sich Kleopatra vor einige ernsthafte Probleme gestellt. Im Okzident droht erneut Gefahr. Oktavian, dessen Ehrgeiz keine Grenzen zu kennen scheint, schaltet in Sizilien Sextus Pompeius und in Afrika Lepidus aus, so daß er zum Alleinherrscher über diesen Teil der Welt und zugleich zum gefährlichsten Gegenspieler des Antonius wird. Noch beunruhigender für Kleopatra ist allerdings Octavia, die von ihrem Bruder geschickt wird, um mit Lebensmitteln und Schiffen die Armee ihres Gatten zu unterstützen.

Kleopatra setzt alles in Bewegung, um Antonius zurückzuhalten und zu verhindern, daß er sich auf die weiten Reisen einläßt. Sie weint, beginnt zu hungern und erreicht schließlich ihr Ziel: die Trennung von Antonius und Octavia. Antonius läßt Octavia wissen, daß er sie nicht zu treffen wünscht, und schickt sie nach Rom zurück. Er selbst reist erneut nach Alexandria.

Ein unvergleichlicher Triumph

Das Desaster des Kampfes gegen die Parther ist schon fast vergessen, als Antonius einen kurzen Feldzug gegen den armenischen König Artavasdes durchführt, der ihn mehrfach verraten hat. Im Frühjahr 34 v. Chr. schließt Antonius, trotz der Einwände Kleopatras, einen neuen Vertrag mit Herodes. Danach erobert er Armenien, nimmt den König gefangen und erklärt das Land zur römischen Provinz. Schließlich verbündet er sich mit dem König der Meder.

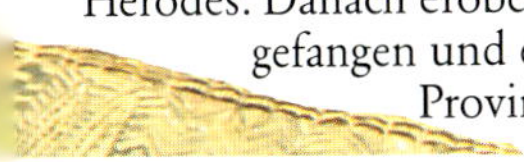

Der königliche Palast in Alexandria ist durch die armenische Beute erheblich reicher und schöner geworden, und so erlebt die Stadt im Herbst dieses Jahres einen in seiner Pracht unvergleichlichen Triumphzug, der durch die Stadt zum Serapeion führt.

Kleopatra wird als Isis gewandet auf einem goldenen Thron getragen; vor ihr steht im Streitwagen der siegreiche, als Dionysos gekleidete Feldherr. Begleitet wird er vom gefangenen armenischen König und seiner Familie, deren Fesseln aus Silber bestehen, sowie einer Unzahl von Beutestücken und Trophäen. Ein gewaltiges Festmahl für die Soldaten und das Volk beendet das Ganze.

Ein neues Großreich?

Einige Tage später versammeln sich die Alexandriner im riesigen Gymnasion zur Abschlußveranstaltung der triumphalen Zeremonien. Antonius und Kleopatra sitzen auf goldenen Thronen, die auf einem silbernen Podest stehen, und leiten die Versammlung, während der dreizehnjährige König Ptolemaios Kaisarion und die drei Kinder des Paares auf niedrigeren Thronen sitzen: Die bald siebenjährigen

In der ägyptischen Hauptstadt war es üblich, im Laufe des Jahres einige prachtvolle Feste zu veranstalten. Dazu zählten auch die Ptolemaia, die von den Lagiden zur politischen Propaganda organisiert wurden. Die jüngsten militärischen Erfolge waren hierfür ein passender Anlaß. Ein langer Zug vergöttlichter Könige und Götter, umgeben von einer Wolke lieblicher Düfte, schritt über einen Blütenteppich an der staunenden Bevölkerung vorbei. Oben das Gemälde „Prozession zu Ehren der Isis" nach einem Entwurf von Frederick Brigman, ausgeführt von David Rosenfeld im Jahr 1903.

Zwillinge Kleopatra Selene und Alexander Helios (letzterer in medischer Tracht mit pfauenfedergeschmückter *Tiara* und Turban) sowie der zweijährige Ptolemaios Philadelphos (gekleidet als makedonischer König mit purpurroter Chlamys, diademgeschmückter Mütze und kleinen Stiefeln).

Antonius hält, wohl auf griechisch, eine Rede, bei der er die von Ägypten abhängigen und von ihm eroberten Territorien auf die Mitglieder der Familie verteilt. Das pharaonische Paar Kleopatra und Kaisarion erhalten Ägypten, Libyen, Koile-Syrien und Zypern. Alexander Helios wird Armenien und Medien unterstellt und das Partherreich nach seiner Eroberung; Kleopatra Selene erhält Kyrene, Ptolemaios Philadelphos Nordsyrien, Phönikien und Kilikien. Alles untersteht aber erst einmal Kleopatra, da nur sie allein zu dieser Zeit herrschen kann.

Die Veranstaltung erweckt den Anschein, daß sich Ägypten wieder auf dem Weg zu einem Großreich befindet, ähnlich wie unter den ersten Ptolemäern, doch nun allerdings in direkter Abhängigkeit von Rom. Trotzdem hat die oktavianische Propaganda leichtes Spiel, die Zeremonie in ein schlechtes Licht zu rücken. So behauptet man etwa, daß Antonius beabsichtige, das gewaltige Königreich in der Hand seiner Mätresse zum Rivalen Roms aufbauen zu wollen.

Trotz ihrer großen Popularität mißlang es Elizabeth Taylor in Mankiewicz' Kleopatra-Verfilmung, eine ausreichend große Zahl von Antikenbegeisterten in die Kinos zu locken.

VIERTES KAPITEL

KOLLISION ZWEIER REICHE

Kleopatra ist noch keine 35 Jahre alt, doch ihr Einfluß ist enorm. Oktavian kann die Ausweitung ihrer Macht, an der auch einige seiner ehemaligen Verbündeten Anteil haben, auf Dauer nicht dulden. Der Waffengang wird vorbereitet; ein Zusammenstoß scheint unvermeidlich.

Kleopatra, „Ägyptens Schande, Latiums Todesfurie, Buhlerin zu Roms Verderben [...]. Sie schreckte, als ob das geschehen dürfte, das Capitol mit ihren Isis-klappern, zog mit kriegs-untüchtigen Ägyptern gegen Roms Standarten, um mit einem Cäsar als Gefangenem im Triumph durch Alexandria zu ziehen".

Lucan **(X, 59 ff.)**

Im Kampf gegen die zunehmende Bedeutung des Fernsehens setzt Hollywood auf Monumentalfilme. Doch trotz aufwendiger Dekorationen und populärer Darsteller erreicht die Verfilmung des Schicksals der Kleopatra durch Joseph Mankiewicz nicht die gewünschte Anzahl von Kinogängern.

Während Kleopatra ihr Bündnis mit dem Mederkönig verstärkt, der der ägyptischen Armee ein Reiterkorps zur Verfügung gestellt hat, geraten in Rom Antonius und Oktavian immer heftiger aneinander. Im Jahr 32 v. Chr. erreichen die Propagandaschlachten ihren Höhepunkt.

Agrippa, ein Vertrauter Oktavians, jagt alle aus der Stadt, die im Verdacht stehen, für die ägyptische Königin zu spionieren, insbesondere alle Magier und fremdländischen Astrologen. Oktavian beginnt nun, einen Kult zu seinen eigenen Ehren einzurichten. Auf seinem Privatgelände am Palatin läßt er einen Apollo-Tempel errichten, wohl als Antwort auf die mystische Verehrung des Antonius-Dionysos-Osiris, die sich in Alexandria entwickelt hat. Noch kämpfen die Anhänger der beiden Kontrahenten nur mit Streitschriften und Schimpftiraden gegeneinander.

„Wie wir auf Gemälden Omphale dem Herkules die Keule entwenden [...] sehen, so hat Kleopatra oft Antonius entwaffnet und betört".

Plutarch
(Antonius 90)

Jede Möglichkeit zur Verleumdung wird genutzt, und jedes Gerücht findet schnellste Verbreitung: Kaisarion sei nicht der Sohn Cäsars, Antonius und Kleopatra feierten Orgien, und Antonius sei, abhängig von einer Zauberin, bereits ein orientalischer Monarch geworden. Beide Männer wechseln gehässige Briefe, voll von Vorwürfen und Beleidigungen. Nach Sueton (Augustus 69) soll Antonius eines Tages auf die permanente Kritik Oktavians sehr direkt erwidert haben: „Was ist über dich gekommen? Ist es, weil ich mit der Königin ins Bett gehe? Aber ist sie nicht meine Frau? Und ist das etwas Neues? Tue ich das nicht schon seit neun Jahren? Und wie steht es mit dir? Ist etwa Livia die einzige, mit der du ins Bett gehst?"

Das endgültige Zerwürfnis

Antonius will einen bewaffneten Konflikt vermeiden. Es ist ihm wichtig, daß der Senat seine Herrschaft über den Orient offiziell anerkennt. So schickt er seine Berichte Ende des Jahres 33 v. Chr. nach Rom, wo sie von zweien seiner Anhänger, Sosius und Ahenobarbus, im Februar des folgenden Jahres mit großem Engagement den Senatoren vorgetragen werden.

Oktavian, der sich vorsichtshalber mit Freunden und bewaffneten Soldaten umgeben hat, antwortet mit offener Gewalt. Ein paar Tage später bei einer erneuten Sitzung prangert er die „alexandrinischen Schenkungen“ an. Die Anhänger des Antonius beschließen, wegen der unausgesetzten Feindseligkeiten Italien zu verlassen, um sich ihrem Anführer in Ephesos anzuschließen. Der Bruch ist damit endgültig vollzogen.

Die Senatoren in Rom waren und blieben zuerst noch unentschieden, ob sie Oktavian oder Antonius unterstützen sollten. Im Orient stellten Antonius und Kleopatra in der Zwischenzeit eine riesige Armee mit den verbündeten Städten Ephesos, Samos und Athen zusammen.

Kleopatra: Herrscherin im Orient

Schon im Frühjahr 32 v. Chr. hat sich Kleopatra mit Antonius nach Ephesos begeben, wo sie eine sowohl zu Wasser als auch zu Lande schlagkräftige Armee zusammenstellen. Kleopatra erscheint als Herrscherin und wird von einer römischen Wache begleitet, die Schilder mit ihrem Wappen trägt. In Begleitung von Antonius spricht sie Recht, führt den Vorsitz in Versammlungen oder bei der Musterung von Soldaten. Man sieht sie auf einem Pferd durch die Stadt reiten, doch auch auf einer Liege getragen werden, wobei Antonius ihr manches Mal zu Fuß gefolgt sein soll. Wie alle Eroberer läßt sie Schätze zusammenraffen, um sie nach Alexandria zu schikken, darunter 200 000 Schriften aus der Bibliothek von Pergamon sowie Statuen, wie etwa den Apollo von Ephesos.

Ihre Macht schockiert sogar die Antonius-Anhänger, die ihre Rückkehr nach Ägypten verlangen. Nur der Römer Canidius verteidigt sie. Er hat verstanden, daß die Königin mit ihrer Anwesenheit zwei Ziele verfolgt: Einerseits hat sie den Wunsch, sich um ihre ureigenen Angelegenheiten zu kümmern, andererseits sieht sie die Notwendigkeit einer finanziellen und militärischen Unterstützung Ägyptens für Antonius, damit dieser den Orient halten kann. Canidius erinnert auch an die Klugheit der Königin, die „lange Zeit allein ein so großes Königreich regiert" habe (Plutarch, Antonius 56).

Im April verlassen Antonius und Kleopatra Ephesos, um zunächst nach Samos und dann nach Athen zu reisen, wo die Bevölkerung sie begeistert empfängt und ihre Statuen auf der Akropolis aufstellt. Im Sommer erringt Kleopatra schließlich einen großen persönlichen Erfolg: Antonius verstößt Octavia, die ihr Haus in Rom verlassen muß. Allerdings schließen sich nun sehr gute Freunde des Antonius dem Gegner an; unter ihnen Plancus und Titus,

„Antonius [...] selbst begab sich mit Kleopatra nach Ephesos, und dort sammelte sich nun von allen Seiten seine Seemacht, 800 Schiffe, von denen Kleopatra 200 stellte, dazu 20000 Talente und Verpflegung für das ganze Heer. [...] und während die Streitkräfte sich sammelten, fuhren sie nach Samos und lebten dort herrlich und in Freuden. Denn wie allen Königen [...] anbefohlen war, alles, was sie für den Krieg gerüstet hatten, zu senden und heranzubefördern, so war auch allen Bühnenkünstlern die Pflicht auferlegt, sich nach Samos zu begeben."

Plutarch
(Antonius 56)

Oben eine Rekonstruktion des Artemisions in Ephesos durch Joseph E. Fischer von Erlach (um 1700).

die über alle ihre Geheimnisse Bescheid wissen. Sie verraten Oktavian, daß ein Testament des Antonius bei den Vestalinnen hinterlegt ist. Auf frevelhafte Weise gelangt Oktavian in den Besitz dieses Dokuments und verliest es im Senat: Zunächst, so Cassius Dio (50,3), bestätigt Antonius, daß Kaisarion wirklich Cäsars Sohn sei; dann versorgt er seine eigenen Söhne mit hohen Legaten, endlich aber schreibt er fest, daß er nach seinem Tod zuerst über das Forum in Rom getragen und dann in Alexandria neben Kleopatra beigesetzt werden wolle.

Oktavian verstand sich als Verteidiger der alten religiösen Werte. Er stellte sich unter den Schutz des Mars, des römischen Kriegsgotts, für den er einen Tempel errichten ließ und dem er vor jedem Feldzug ein Opfer darbrachte.

Kriegserklärung an Ägypten

Vor allem die letzte Klausel des Testaments ruft die Empörung der Römer hervor, was Oktavian zu nutzen versteht. Antonius wird seines Amtes enthoben und Kleopatra der Krieg erklärt. Nach alter Tradition – im Priestergewand der Fetiales – begibt sich Oktavian zum Marsfeld vor den Tempel der Bellona, wo er eine geweihte Lanze symbolisch gegen den Feind schleudert. Der Krieg richtet sich nicht gegen Antonius, sondern gegen Kleopatra, die Feindin, die ins Herz der heiligen Stadt eingedrungen war!

Die Propaganda Oktavians wendet sich nun ausschließlich gegen Kleopatra. Er versichert sich der Gefolgschaft Italiens, Galliens, Afrikas, Siziliens und Sardiniens, indem er sie den italischen Eid *(„Iuratio Italiae“)* schwören läßt. Gestärkt durch diese Unterstützung, die es ihm ermöglicht, sich als Held der Freiheit gegen das Königtum, des Okzidents gegen den Orient, der römischen Kultur gegen die Barbarei darzustellen, segelt er nach Osten, um in Patrai auf Antonius und Kleopatra zu treffen.

Das Kräftemessen der Titanen

Oktavian steht an der Spitze eines Heeres aus 70 000 Fußsoldaten und 12 000 Reitern; seine Flotte besteht aus 400 Schiffen und wird von dem großen Feldherrn Agrippa befehligt. Die von Kleopatra finanzierte und von Antonius kommandierte Armee ist der römischen leicht überlegen: Zu 75 000 Legionären kommen noch 25 000 Leichtbewaffnete und 12 000 Reiter. Ihre Flotte besteht aus 500 Kriegsschiffen (davon 200 ägyptische) und 300 Versorgungsschiffen. Kleopatra, die sich auf der „Antonia", ihrem mit purpurnen Segeln ausgestatteten Flaggschiff aufhält, führt selbst das Kommando über ihre eigene Flotte aus 60 Schiffen.

Nachdem die beiden Armeen den Golf von Ambrakia erreicht haben, schlagen die Gegner ihre Lager im Vorgebirge von Actium auf, um dort zu überwintern. Die ersten Scharmützel finden im folgenden Frühjahr auf dem Meer statt.

Agrippa besetzt alle nahe gelegenen Stützpunkte. Die Armee des Antonius ist damit eingeschlossen und hat Versorgungsprobleme. Seine Mitstreiter schwinden. Die Könige von Thrakien und Paphlagonien vereinigen sich mit Oktavian, und sein enger Vertrauter Dellius läuft mit den Schlachtplänen zum Feind über.

Als einzige Lösung bietet sich der Versuch an, die Blockade mit einer stark verkleinerten, sehr schnellen Flotte zu durchbrechen. Antonius läßt die schweren Versorgungsschiffe und die langsameren Kriegsschiffe verbrennen. Die größte Menge der Schätze wird auf Kleopatras Flaggschiff gebracht. Die Segel der Schiffe holt man aber nicht vollständig ein, wie es zum Kampf üblich ist, sondern sie liegen zum Setzen bereit und damit zur Flucht. Nur vier Geschwader mit 230 Schiffen bleiben ihnen, denen die 400 Schiffe des Oktavian gegenüberstehen. Alles ist bereit, um die Flucht aufs Meer zu wagen, während der Rest der Armee Canidius anvertraut wird.

Am 2. September 31 v. Chr., nach Abflauen eines viertägigen Sturms, verläßt gegen Mittag bei leichtem Wind der größte Teil der antonischen Flotte in dicht gedrängter Formation den Golf von Ambrakia, um die Schiffssperre Oktavians zu durchbrechen. Agrippa versuchte eine List: Er zieht sich zurück, und Publicola, der mit Antonius auf dem rechten Flügel die Flotte befehligt, verfolgt ihn: Die Schiffe des Antonius brechen durch.

Plötzlich aber wendet Agrippa und greift die auseinanderbrechende Flotte des Antonius an. Die Schiffe der Kleopatra nutzen die Gelegenheit und fliehen durch die so entstandene Lücke. Antonius springt in ein Boot und folgte ihr, wobei er seinen Schiffen den Befehl gibt, ihm zu folgen. Doch nur knapp 100 Schiffen gelingt es, der Flotte des Oktavian zu entkommen.

Sieg oder Niederlage?

Die oktavianische Propaganda und die antike Überlieferung vermitteln eine sehr einseitige Sicht der Schlacht von Actium, nach der der Sieg des Oktavian auf Beschluß der Götter hin allumfassend und vollkommen gewesen sei. So heißt es etwa bei Cassius Dio (50, 33): „... und als Weib und Ägypterin, um in dem langen zweifelhaften Gefecht nicht länger ängstlich zwischen Furcht und Hoffnung zu schweben, hob sie zuerst die Anker und gab ihren Ägyptern das Signal zur Flucht."

Und nach Plutarch (Antonius 66) war Antonius blind vor Liebe, „als er alles andere vergaß, diejenigen verriet und im Stich ließ, die für ihn kämpften und starben [...] und hinter der Frau herfuhr, die sich

Bronzener Rammsporn einer Kampfgaleere aus Actium

schon ins Verderben gestürzt hatte und ihn nun mit hineinreißen sollte".

Da Antonius nicht mehr als Römer gilt, stellt man den Krieg den Römern als „rechtmäßig" dar und nicht als Bürgerkrieg. So soll Oktavian schon vor dem Kampf gerufen haben: „Man hüte sich, Antonius als Römer zu betrachten, er ist ein Ägypter! Man hüte sich, ihm den Namen Antonius zu geben, er ist Serapion! Man hüte sich zu glauben, daß er Konsul gewesen ist, er ist Gymnasiarch." Man feiert also einen glänzenden Sieg des Okzidents über den Orient, der Tugend über das Laster und den Triumph der römischen Republik über die orientalische Monarchie.

Die Schlacht ist verloren, doch nicht der Krieg, denn Antonius findet auf ihrem Schiff wieder zu Kleopatra. Sie sind frei, der Falle Oktavians entgangen und haben ihren Schatz gerettet!

Diese Darstellung eines römischen Kriegsschiffes aus dem Heiligtum der Fortuna in Praeneste war wahrscheinlich Teil eines Denkmals für Antonius. Das Heck des Schiffes ist mit einem Krokodil, dem traditionellen Symbol Ägyptens, versehen: Das gefesselte Tier ist Sinnbild des erhofften Sieges und könnte mit Oktavian gleichgesetzt werden.

Die römischen Soldaten waren beim Kampf auf dem Lande fast unbesiegbar. Weniger erfahren waren sie aber anfänglich in der Kunst der Seekriegsführung. Statt die gegnerischen Schiffe zu rammen, versuchte man daher, die Kämpfe auf dem Meer mit den Mitteln der Infanterie für sich zu entscheiden. Zunächst erprobte man schwenkbare Enterbrücken, später nutzte man dann einfache Enterhaken, mit denen man das gegnerische Schiff längsseits zog. Waren die Schiffe erst einmal miteinander verbunden, kam es zum Nahkampf der Marineinfanterie. Nach der Schlacht von Actium war es Oktavian bewußt geworden, wie wichtig eine starke Flotte war. Er reorganisierte die römische Militärflotte und schuf eine ständige Marine zum Schutz der zivilen und kommerziellen Schiffahrt.

Nach dem Kampf bei Actium hatte die römische Welt nur noch einen einzigen unumstrittenen Herrscher: Oktavian. Es war das Ende der römischen Republik und der Anfang einer neuen Regierungsform: des Prinzipats. Für Kleopatra und Antonius bedeutete Actium den Verlust eines großen Teils ihrer Armee und ihrer Verbündeten. Schon ein Jahr später fiel Alexandria in die Hände Roms. Dies war das Ende für das hellenistische Königshaus und für die Unabhängigkeit Ägyptens.

„Beim Athamanischen Strand biegt ein der Hafen des Phoebus, wo des Ionischen Meers Rauschen verstummt in der Bucht, die von Actium kündet, ohne Beschwer für die Fahrt, wie es der Schiffer gewünscht. Hier traf sich die Mannschaft der Welt; die fichtenen Riesen standen im Meer, doch nicht gleich war für die Ruder das Glück. War doch die eine der Flotten dem Teukrer Quirinus verfallen, römische Spieße, gelenkt – schmachvoll! – von weiblicher Hand."

Properz (IV, 6, 15 ff.)

FÜNFTES KAPITEL

GEFÄHRTEN IM TODE

Die Königin vermeidet, den Anschein zu erwecken, als Besiegte nach Ägypten zurückkehren, und so trifft sie, begleitet von Ruhmeshymnen, in ihrem geschmückten Schiff im Hafen von Alexandria ein. Voller Energie und Willenskraft hält sie bald wieder die Zügel in der Hand, läßt alle des Verrats verdächtigten Personen hinrichten und beschlagnahmt deren Güter. Wahrscheinlich aber ist ihr klar, daß Oktavian bald zu einem Gegenschlag ausholen wird.

„Antonius und Kleopatra", ein Gemälde von Sir Lawrence Alma-Tadema, das um 1885 entstand (links), illustriert die Rückkehr einer in Gedanken versunkenen Kleopatra. Nachdenklichkeit herrschte aber auch bei Antonius, der, wie Plutarch schreibt, „drei Tage in sich gekehrt auf dem Vorderschiff blieb und schweigend den Kopf mit beiden Händen hielt."

Plutarch
(Antonius 67)

Am Kap Tainaron, der Südspitze des Peloponnes, erwartet das Paar eine herbe Enttäuschung: Die Streitkräfte, die sie bei Actium zurückgelassen hatten, haben sich Oktavian ergeben, und die verlassenen Schiffe sind größtenteils in Brand gesetzt worden. Antonius erkennt seine Lage, verabschiedet sich von den wenigen Freunden, die ihm treu geblieben sind, und entlohnt sie reichlich. Er verfügt jetzt nur noch über die vier Legionen, die er in Kyrene gelassen hat, und erwartet sie in Libyen. Kleopatra fährt indessen nach Ägypten. Kurze Zeit später erfährt Antonius, daß auch die letzten Legionen von ihm abgefallen sind; nur mit Mühe gelingt es seinen Freunden, ihn vor dem Selbstmord zu bewahren.

Antonius kehrt nach Alexandria zurück, verfällt aber erneut in Apathie. Neben dem Hafen hatte er sich eine kleine Bleibe bauen lassen, die er in Erinnerung an den Menschenverächter Timon aus Athen „Timonium“ nennt. Hier lebt er nun zurückgezogen wie ein Eremit. Kleopatra braucht ihre ganze Kraft, um ihm seinen Lebenswillen zurückzugeben. Sie organisiert ein Fest nach dem anderen: Gefeiert wird die Volljährigkeit des Antyllus, bei der der Sohn des Antonius aus der Verbindung mit Fulvia das Männergewand, die Toga virilis, entgegennimmt, die Einschreibung des Kaisarion in die Liste der Epheben und schließlich auch der 53. Geburtstag ihres Mannes. Schließlich willigt Antonius sogar ein, sich wieder den „unnachahmlich Lebenden“ anzuschließen, die sich jetzt aber bereits „Gefährten im Tode“ nennen.

Nach Plutarch herrschte unter den Freunden der Kleopatra Endzeitstimmung, und die Herrscherin selbst legte sich eine Sammlung von tödlichen Pflanzengiften an.

Das Marmorporträt im Antikenmuseum der Stiftung Preußischer Kulturbesitz in Berlin (oben), eine der wenigen gesicherten Darstellungen der Kleopatra, entstand möglicherweise erst nach ihrem Tod.

Flucht: „ein wunderbares und mutiges Unternehmen“

Kleopatra ist sich im klaren, daß Oktavian, der nach Italien zurückgekehrt ist, um die dort noch immer verworrene Lage zu klären, sich bald wieder Ägypten zuwenden wird, um eine endgültige Lösung des Konflikts anzustreben.

Sie sieht auch, daß er die Schuld mehr bei ihr als bei Antonius suchen wird, mit dem sie nun unumstößlich verbunden ist. Kleopatra faßt den Plan, nach Osten, vielleicht nach Indien zu fliehen, und läßt die Schiffe, die sie noch hatte retten können, zum Roten Meer ziehen, um sie „mit vielen Reichtümern und Truppen beladen, in das Arabische Meer hinabzulassen und sich weit draußen, der Knechtschaft und dem Krieg entronnen, eine neue Heimat zu suchen" (Plutarch, Antonius 69). Doch ihre Schiffe werden auf Bitten der Anhänger Oktavians hin vom Nabatäerkönig Malchos beschlagnahmt und in Brand gesetzt. So bleibt ihr nichts anderes übrig, als Oktavian zu erwarten.

Ein offensichtlicher Hinweis auf die Vergänglichkeit des Menschen: Ein mit den Darstellungen von Skeletten dekorierter, teilweise vergoldeter Silberbecher (links) des 1. Jahrhunderts n. Chr. aus Boscoreale. Unten eine Porträtbüste des Antonius, die wohl aus Alexandria stammen dürfte.

Verhandeln? Sterben? Oder kämpfen?

Zu Beginn des Jahres 30 v. Chr. erreicht Oktavian die Ostgrenze des Landes, während die Legionen von Cornelius Gallus an der Westgrenze eine unüberwindliche Barriere bilden: Ägypten ist also wie in einem Schraubstock gefangen. Kleopatra und Antonius versuchen zu verhandeln und schicken einen Unterhändler zu Oktavian, der beauftragt ist, ihm ein Angebot zu machen: Antonius ist bereit, auf seine Macht zu verzichten und als einfacher Bürger in Ägypten oder Griechenland zu leben. Er verspricht sogar, sich „selbst umzubringen, wenn er dadurch seiner Kleopatra das Reich und das Leben erhalten könne" (Cassius Dio, 51, 8). Doch Oktavian verweigert eine Antwort. Er macht aber der Königin, die ihm als Zeichen zur Übergabe der Königswürde ihr Zepter und ihr Diadem hat übersenden lassen, einen Vorschlag: Er verlangt von ihr, daß sie offiziell abdanken soll und Antonius hinrichten läßt. Kleopatra lehnt ab. Trotzdem zweifelt Antonius an ihr, und es gibt

Streit, dem aber bald wieder die Versöhnung folgt. Kleopatra experimentiert nun mit verschiedenen Giften, um das schnellste und schmerzloseste zu finden. Nach dem Vorbild ihrer königlichen Vorgänger läßt sie ihr Grab vorbereiten: In den hohen, mit zwei Fenstern versehenen Turm bringt man ihr Gold, ihren Schmuck, ihre aus wertvollen Hölzern gearbeiteten Möbel sowie ihre duftenden

Als Kleopatra den toten Antonius (unten) sah, war sie voller Schmerz; sie wußte, daß es mit ihr und dem Königshaus der Lagiden zu Ende ging.

Öle und Essenzen, aber auch Brennmaterial, um das Ganze zu zerstören, falls der Feind es sich aneignen sollte. Der Unterhändler Thyros, den Oktavian zur Königin geschickt hat, wird von Antonius mißhandelt und vertrieben, da er befürchtet, Oktavian und Kleopatra könnten gemeinsame Sache machen.

Im Frühjahr 30 v. Chr. erobern die Legionen Oktavians Pelusion, und schon im Sommer stehen sie vor den Toren Alexandrias. Antonius gelingt ein Ausfall, der aber ohne entscheidende Bedeutung bleibt. Verzweifelt fordert er seinen Gegner zum Zweikampf, den dieser aber verächtlich ablehnt.

Am 31. Juli stürzt sich seine Armee auf Oktavian. Es ist eine kleine Armee, denn nur die Infanterie kämpft, der Rest hat sich bereits dem Feind ergeben. Ihr Scheitern ist daher vorhersehbar; die römischen Legionen belagern noch immer die Tore Alexandrias, und Antonius muß in die Stadt zurückkehren.

Später wird Plutarch (Antonius 75) von einem Gerücht berichten, das in diesen Tagen in Alexandria umging: Der Gott Dionysos, „dem Antonius sich immer besonders gleichstellen, den er sich zum Vorbild habe nehmen wollen“, hätte eine Nacht vor dem Ausfall mit einer großen, von Musik begleiteten Prozession die Stadt verlassen.

Ein tragisches Mißverständnis

Die Ereignisse überstürzen sich. Durch seine Militärführer erfährt Antonius, daß sich die Königin in ihr Mausoleum zurückgezogen habe und gestorben sei. Entsetzt greift er nach seinem Schwert, reicht es seinem Sklaven Eros und fleht ihn an, ihn zu durchbohren – doch dieser nutzt nur die Chance und richtet das Schwert gegen sich selbst. Nun stößt es sich Antonius selbst in den Leib, gerade in dem Moment, als Kleopatras Sekretär Diomedes heraneilt, um zu verkünden, daß die Königin lebt.

Der sterbende Antonius läßt sich zum Mausoleum der Kleopatra tragen, um seiner Frau hier ein letztes Mal zu begegnen. Doch das Mausoleum ist verschlossen, aus Furcht vor den Soldaten Oktavians hat sich Kleopatra in ihrer letzten Zuflucht verbarrikadiert. Mit Hilfe zweier Dienerinnen zieht sie den blutigen Körper ihres Mannes an Seilen durch das Fenster. „Nachdem“, so schildert Plutarch, „sie ihn in Empfang genommen und gebettet hatte, zerriß sie ihre Kleider, zerschlug und zerkratzte

„Der Tod des Antonius“ von Alessandro Turchi erinnert durch den blutleeren Körper des Römers und die leidende Haltung der Kleopatra an Maria und die Kreuzabnahme Christi.

ihre Brust [...], nannte ihn ihren Herrn, ihren Imperator [...] und hatte im Jammer um seine Leiden ihr eigenes fast vergessen“ (Antonius 77).

Mit letzter Kraft rät ihr Antonius, alles zu unternehmen, um ihr Leben zu retten, außer wenn es mit Schande verbunden sei; dann stirbt er in ihren Armen.

Oktavian: Herr über Kleopatra ...

Oktavian fürchtet nun, daß Kleopatra sich das Leben nehmen und ihren Schatz vernichten könne. Auch will er sie lebend, um sie bei seinem Triumphzug in Ketten an den höhnenden Römern vorbeizuführen. So befiehlt er einem seiner Männer namens Proculeius, alles zu tun, um sich ihrer zu bemächtigen. Kleopatra aber weigert sich zu öffnen und verhandelte durch die Tür: Nur die Zukunft ihrer Kinder und deren Herrschaftsanspruch auf das Königreich Ägypten interessieren sie noch. So lenkt Gallus, ein anderer Bote, die Aufmerksamkeit der Königin ab, Proculeius dringt durch das Fenster ein und entreißt Kleopatra ihren Dolch, mit dem sie sich das Leben hat nehmen wollen. Kleopatra wird gefangengenommen und von nun an von dem Freigelassenen Epaphroditos streng bewacht.

... und über Alexandria

Am 1. August 30 v. Chr. nimmt Oktavian Alexandria ein. Um die Bevölkerung zu beruhigen, hält er eine lange Rede in griechischer Sprache. Er betont die Schönheit und den Reichtum der Stadt, seine Bewunderung für ihren Gründer und schließlich seine Freundschaft zu dem alexandrinischen Philosophen Areios. Anschließend läßt er die Stadt

nach Antyllus und Ptolemaios XV. Cäsar durchsuchen. Der erste wird von seinem Privatlehrer Theodoros verraten und an seiner Zufluchtsstätte, dem von Kleopatra errichteten Cäsarum, geköpft. Der zweite aber ist unauffindbar: Seine Mutter hat ihn über Äthiopien mit einer riesigen Summe Geldes nach Indien fliehen lassen.

„Nachdem Oktavian sie gebeten hatte, sich niederzulegen, und sich neben sie gesetzt hatte, begann sie eine Art von Rechtfertigung, indem sie alles, was sie getan hatte, auf den von Antonius ausgehenden Zwang und die Furcht vor ihm schieben wollte.“

Plutarch
(Antonius 83)

Das Elend einer Königin

Kleopatra erhält von Oktavian die Erlaubnis, für Antonius die Totenehrung zu vollziehen. Danach beschließt sie zu sterben, um der Erniedrigung durch einen Triumphzug zu entgehen. Ohne Waffe, ständig überwacht, tritt sie in den Hungerstreik. Ihre Wunden entzünden sich, und mit Hilfe ihres Arztes Olympos scheint sie ihr letztes Ziel fast erreichen zu können. Doch Oktavian droht ihr, wenn sich ihr Zustand nicht bessere, würde er ihre Kinder auf schändlichste Weise sterben lassen. Daraufhin läßt sie sich wieder pflegen, beginnt auch zu essen. Schließlich besucht sie sogar Oktavian.

Dio Cassius (51, 12) beschuldigt sie in seinem Bericht, daß sie den Sieger bei dieser Gelegenheit habe verführen und „mit schmachtendem Blick [... und] melodischem Klageton“ für sich habe einnehmen wollen. Der sittsame Oktavian hätte aber selbstverständlich widerstanden. Plutarch

Hatte die Königin Oktavian bei seinem Besuch wirklich angefleht, sie leben zu lassen, oder sich ihm selbst angeboten? Die Darstellung mancher antiken Autoren läßt Zweifel daran aufkommen. Das Mausoleum, das sie sich nach pharaonischer Tradition bauen ließ und über das viel spekuliert worden ist, läßt sich archäologisch nicht nachweisen.

dagegen sah die Szene mit ganz anderen Augen: Blaß, abgemagert, mit fieberndem Körper und wirrem Haar wirkt die Königin wenig verführerisch. Statt dessen bietet sie Oktavian Schmuck für seine Frau und seine Schwester an und appelliert an sein Mitgefühl.

Der geheimnisvolle Tod

Kleopatra ist entschlossen zu sterben. Die Abreise nach Rom soll in drei Tagen stattfinden, der Zeitpunkt ist gekommen. Sie geht ein letztes Mal zum Grab des Antonius und trifft die letzten Vorbereitungen: Von ihren beiden treuen Dienerinnen, Eiras und Charmion, läßt sie sich ein letztes Mal baden, schminken und als Herrscherin kleiden. Dann nimmt sie ein luxuriöses Mahl zu sich. Schließlich sendet sie Oktavian ein Brieftäfelchen, auf dem sie ihn bittet, ihren Körper neben dem des Antonius beisetzen zu lassen. Man eilt zur Königin. Doch zu spät! Sie liegt leblos auf ihrem Prunkbett. Eiras und Charmion sind sterbend neben ihr zusammengesunken. Man holt Ärzte und Wunderheiler zu Hilfe, aber nichts kann die drei Frauen wieder zum Leben erwecken. Haben sie sich mit einer in einem Schmuckstück versteckten Giftnadel umgebracht oder von einer Giftschlange

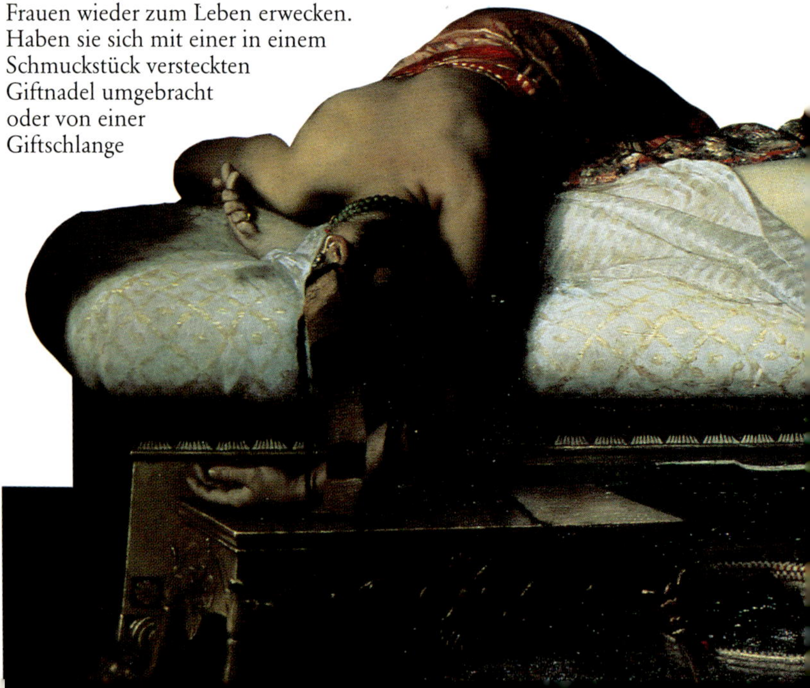

„Der Tod der Kleopatra" von Jean-André Rixens, 1874: Die orientalistischen Maler des letzten Jahrhunderts stellten die ergreifende Szene beim Betreten des Mausoleums in den Mittelpunkt ihres Schaffens. Sie zeigten die königlich gekleidete, bereits verstorbene Kleopatra, ihre tote Dienerin Eiras und Charmion, die sterbend noch das Diadem ihrer Herrin zurechtrückte. Auf dem Bild Rixens' wird die Königin nackt dargestellt. Die kraftlose Pose und die kalten Farben sind Zeichen für den bereits eingetretenen Tod.

beißen lassen? Man erinnert sich, daß ein Mann ein paar Stunden vorher einen Korb mit Feigen gebracht hat, der möglicherweise eine Schlange enthielt.

Mit 39 Jahren wählt Kleopatra die einzige Freiheit, die ihr geblieben ist: den Tod, durch den sie sich der öffentlichen Demütigung entziehen kann. Ein letztes Mal gelingt es ihr, den siegreichen Römer trotz seines Mißtrauens zu täuschen. Oktavian ist empört, doch er läßt zu, daß man ihren Körper neben dem des Antonius bestattet, doch das Grab der beiden wird nie gefunden werden.

Während Rixens das traditionelle orientalistische Dekor des 19. Jhs., wie etwa ägyptisches Mobiliar verwendete, schenkte Valentine Cameron Prinsep mit seinem Gemälde „Der Tod der Kleopatra" (folgende Doppelseite) der historischen Realität mehr Aufmerksamkeit: Er benutzte Elemente aus der griechischen und ägyptischen Antike. Die Wärme der Farbtöne und die Grazie der Bewegungen erinnern eher an Schlaf als an den Tod.

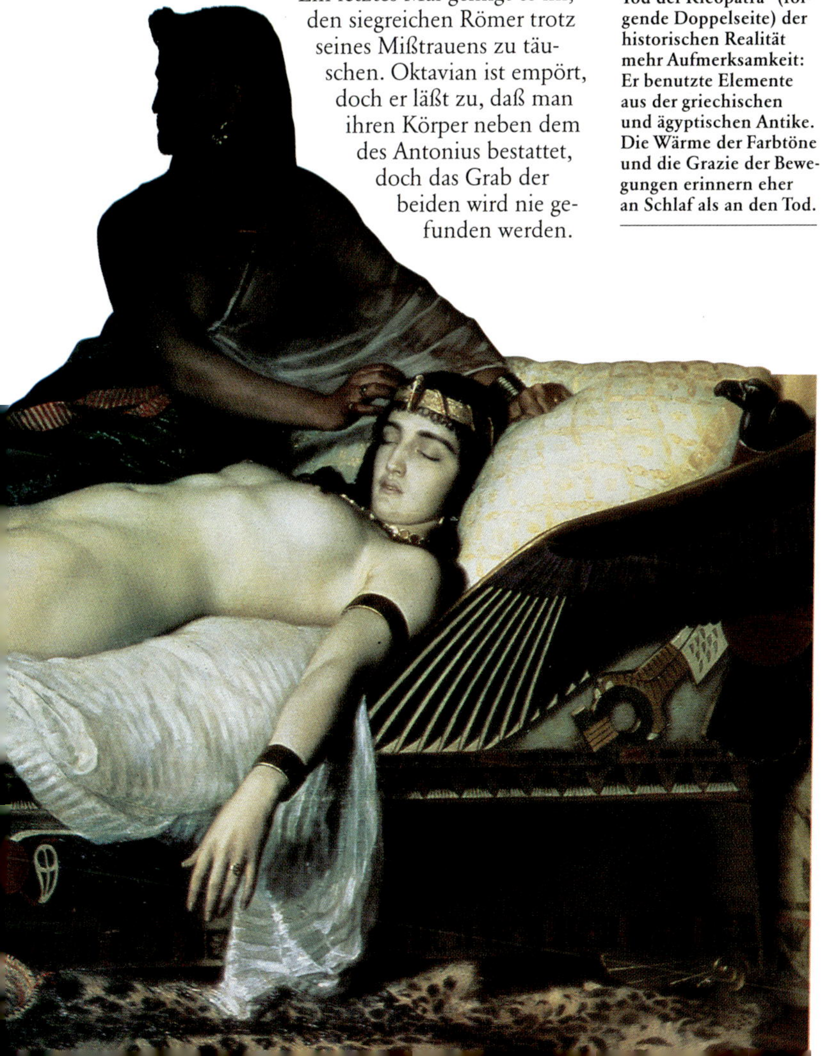

Sechstes Kapitel

ÄGYPTEN ALS RÖMISCHE PROVINZ

Nach der Niederlage Alexandrias gerät Ägypten unter römische Herrschaft. Für die nächsten vier Jahrhunderte ist das Land am Nil vom Römischen Reich abhängig. Dabei gelingt es Ägypten allerdings, seine kulturelle Eigenständigkeit weitgehend zu bewahren.

Nach dem Tode Kleopatras wird Oktavian von der ägyptischen Priesterschaft als neuer Pharao und lebender Gott anerkannt. Sein Sieg ist vollkommen. Die Kultstatuen des Antonius, wie diese Statue eines Mannes mit Königskopftuch aus der Zeit um 40 – 30 v. Chr., werden aus den öffentlichen Einrichtungen entfernt und größtenteils zerstört. Als Zeichen seines Triumphs in der Schlacht von Actium läßt Oktavian im Jahr 28 v. Chr. Silberdenare mit der Inschrift Aegypto Capta („Das gefangene Ägypten") herausgeben.

Ein paar Tage nach dem Tod der Kleopatra erfahren die Alexandriner mit Bestürzung vom Tode ihres Königs Ptolemaios XV. Cäsar, Pharao Ägyptens, der sich auf Anraten seines Haushofmeisters Rhodon entschlossen hatte, nach Alexandria zurückzukehren. Offensichtlich glaubte Ptolemaios, sich vor Oktavian nicht fürchten zu müssen. Doch die Hauptstadt erreicht er nicht; auf dem Weg nach Alexandria wird er ermordet. Oktavian ist von nun an der einzige, der sich als Cäsars Erbe ausweisen kann. Die Kinder von Antonius und Kleopatra werden nach Rom gebracht und von Octavia aufgenommen. Kleopatra Selene wird später von Oktavian mit Juba II. von Mauretanien verheiratet, ihre Brüder aber, Alexander Helios und Ptolemaios Philadelphos, verschwinden bald unter geheimnisvollen Umständen.

Ägyptisches Gold für Rom

Oktavian bemächtigt sich des Schatzes der Kleopatra und läßt ihr berühmtes Gold- und Silbergeschirr sowie ihren Schmuck einschmelzen. Er plündert den königlichen Palast und beschlagnahmt das Vermögen jener Alexandriner, die unter dem Verdacht stehen, mit der Königin besonders enge Verbindungen eingegangen zu sein. Zusätzlich

Eine Statuette des Königsgottes Horus als Imperator in römischer Tracht (links), ein Werk des 1. Jahrhunderts n. Chr., oder die lebensgroße Statue des Gottes Anubis in Legionärstracht (rechts), die aus dem 2. Jahrhundert n. Chr. stammt, sind typische Beispiele für die Verbindung unterschiedlichster religiöser und künstlerischer Aspekte. Griechen und Römer sahen in den altägyptischen Göttern häufig ältere Synonyme ihrer eigenen Götter, so daß einer Verbindung der unterschiedlichen Religionsauffassungen nichts entgegenstand. Schon seit frühester Zeit hatte sich die ägyptische Religion fremden Einflüssen gegenüber offen gezeigt, diese verarbeitet und in das eigene Weltbild eingefügt. Die in der ptolemäisch-römischen Zeit entstandenen Götterverbindungen waren somit nur konsequenter Ausdruck der Offenheit beider religiöser Ansätze. Zum Konflikt kam es erst später durch das Aufeinandertreffen von Kaiserkult und aufkommendem Monotheismus.

pfändet er zwei Drittel des Besitzes der reichen Bürger und belastet schließlich die gesamte Stadt mit hohen Steuern. Mit einem Teil der Kriegsbeute entlohnt er seine Soldaten. Große Mengen Gold und Silber sendet er nach Rom, so daß hier bald der Wert des Silbergeldes um die Hälfte, die Verzinsung gar um zwei Drittel sinkt.

Allein 16000 Pfund Gold sowie Perlen und Edelsteine aus dem ägyptischen Schatz im Wert von 50 Millionen Sesterzen stiftet Oktavian dem Jupiter-Tempel auf dem Kapitol. Zusätzlich wählt er bedeutende Kunstwerke aus, etwa den aus Samos stammenden Zeus von Myron oder einen Doppelhermes, der als Janus interpretiert wird, und läßt sie nach Rom bringen. Um sein Ansehen in Griechenland zu stärken, läßt er den Apollo von Myron nach Ephesos und die Statue des Aias nach Rhoiteion zurückführen. Er selbst gelangt auf seinen Reisen durch Ägypten bis nach Memphis.

Der Triumph Oktavians

Die Probleme im Orient scheinen erst einmal geregelt; Syrien, Judäa, Phönikien und das griechische Kleinasien haben Oktavian anerkannt und ihm gehuldigt. So kehrt er im Monat Sextilis (der später nach seinem Ehrentitel „Augustus" August genannt werden wird) 29 v. Chr. nach Rom zurück. Für seine Ankunft in der Stadt hat der Senat einen prunkvollen Empfang geplant, an dem neben den Vestalinnen das ganze Volk teilnehmen soll. Oktavian lehnt diese Huldigungen ab, da sie seiner Meinung nach ein Übermaß an Majestätsverehrung in sich bergen. Trotzdem erhält er zahlreiche Ehrenbezeugungen, darunter einen dreitägigen Triumphzug: Am 13. August feiert man seinen Sieg über die Dalmatier, am 14. den Sieg über die asiatischen Barbaren, der ihm in Actium gelungen war, und am 15. den Sieg über Ägypten. Die ägyptische Beute „war so beträchtlich, daß man mit ihr den Aufwand aller drei Tage finanzieren konnte" (Cassius Dio 51, 21).

Die riesige Prozession besteht aus unzähligen Menschen und den Beutegütern, die man dem Volk auf den Straßen der Stadt präsentiert, um sie schließlich zum Kapitol zu bringen. Unter ihnen befinden sich Darstellungen von Allegorien des Nils und Ägyptens sowie eine Statue der Kleopatra auf dem Totenbett. Das Bildnis zeigt sie in der Todeshaltung mit einer sich um ihren Arm windenden Schlange. Auch die Zwillinge der Kleopatra befinden sich im Festzug. Hinter ihnen schreitet Oktavian und vollzieht die traditionellen Riten.

Kleopatra Selene, die Tochter der Kleopatra, verkörpert noch einige Zeit die Erinnerung an die letzte ägyptische Königin. Verheiratet mit dem hochgelehrten numidischen Fürsten Juba II., wird sie zur Königin von Numidien und Mauretanien. Hier gründet sie zusammen mit ihrem Mann die reiche Hauptstadt Cäsarea (heute Cherchel), deren Museum und Bibliothek berühmt werden sollen. Die dort geprägten Münzen bezeugen noch ihre ägyptische

Oktavian sah sich nicht mehr nur als Feldherr, sondern in erster Linie als Staatsmann, als „Erster der Bürger". Am 16. Januar 27 v. Chr. wurde ihm vom Senat der Ehrentitel Augustus, „Erhabener", verliehen, den er nun fast wie einen Namen führte.

Aus dem antiken Cäsarea (heute Cherchel in Algerien) stammt dieser Kopf einer Marmorstatue (unten), die möglicherweise Kleopatra Selene darstellt. Die Hauptstadt des Königreiches von Mauretanien entstand auf den Resten des alten punischen Handelsplatzes Iol und wurde durch Juba II. gegründet. Nach der Ermordung des Sohnes aus der Verbindung von Kleopatra Selene und Juba durch Caligula im Jahr 40 n. Chr. wurde Cäsarea Hauptstadt der neuen römischen Provinz Mauretania Cäsariensis.

Herkunft, u. a. durch die Darstellung von Sistren, Ibissen und Krokodilen.

Ihr Tod und die Ermordung ihres Sohnes Ptolemaios durch Caligula beenden die Blutslinie der Lagidendynastie.

Oktavian: König von Ober- und Unterägypten

Er, so schreibt Cassius Dio (51, 16), „verfuhr sehr gnädig" mit Ägypten, „weil er eine so bevölkerungsreiche Nation, die in vieler Hinsicht für Rom" Vorteile bot, „nicht ganz zu Grunde richten wollte". Tatsächlich will Oktavian von Ägypten akzeptiert werden und wird deshalb dort sofort zum König ernannt. Vergeltungsmaßnahmen gegen die einheimische Bevölkerung unterbleiben, und selbst gegenüber ausländischen Gefangenen zeigt der neue Herrscher Milde. Zwar behält er die Brüder des armenischen Königs als Geisel, aber Iotape, die Tochter des Mederkönigs, entläßt er in die Freiheit. Als ägyptischer König wird für ihn bald ein Kult eingerichtet. Er erhält die königliche Titulatur: Als Sohn des Re lautet sein Thronname „Herrscher der Herrscher, Erwählter des Ptah, geliebt von Isis" und sein Horusname „Groß an Kraft, süßer, beliebter Jüngling".

Statuen des Oktavian als Pharao oder – mit Osiris und Thot verbunden – als Gott werden errichtet: Er trägt die ägyptische Doppelkrone und hält die königlichen Attribute in den Händen.

Auf der Insel Philae wurden auch noch unter den Römern beachtliche Bauten errichtet. Augustus ließ dort einen eigenen Tempel errichten, Arbeiten am Westkorridor der Kolonnade ausführen und Reliefe am Hathor-Tempel anbringen. Trotzdem äußerte er in Rom große Feindseligkeit gegenüber dem Isiskult, der seit Sulla von vielen Gläubigen vollzogen wurde. Wahrscheinlich wollte er dadurch die religiösen Traditionen stützen, ein sicherlich geschickter Schachzug gegenüber der römischen Priesterschaft. 1850 beschrieb der Schriftsteller Maxime Du Camp, der die Insel mit Gustave Flaubert besucht hatte, den Anblick: „Hier ist alles [...] aus griechischer und römischer Zeit mit der Ausnahme eines Propylons [...]. Die Gesamtheit der Ruinen ist großartig; wenn die untergehende Sonne sie beleuchtet, glaubt man, die Ruinen einer verwunschenen Insel zu erkennen. Ein aus zehn riesigen Säulen bestehender Portikus folgt den Pylonen; die Säulen waren bemalt, die Kapitelle sind es immer noch. Schöne weiße und blaue Farben [...] lassen die Palmenblätter und die Lotusblüten kräftig hervortreten; es ist wunderbar."

Dank der Faszination, die von der neuen Macht ausgeht, verbreitet sich der Kult schon bald im ganzen Land.

Die ägyptische Priesterschaft legitimiert die Macht Oktavians. Er gilt als „wirklicher Erbe des Landes", und als Gott wird er zu einem Garant der Ordnung und des Wohlstandes im Lande. Tempel werden dem neuen Pharao geweiht, wie z. B. im Jahr 13 v. Chr. auf der Insel Philae. Oktavian ist der erste einer langen Reihe von römischen Kaisern, die über 400 Jahre hinweg gleichzeitig auch Pharao von Ägypten sein werden. Ihre Besuche (wie etwa der von Hadrian im Jahr 130 n. Chr.) werden

Sébastien Bourdon (1616 – 1671), einer der bedeutendsten französischen Maler des 17. Jh., widmete sein Gemälde „Augustus am Grabe Alexanders" der ungleichen Begegnung zweier Herrscher, von der Sueton (Augustus 18) berichtet: „... er sah sich Sarg und Leiche Alexanders des Großen, die man aus der Gruft genommen hatte, mit eigenen Augen an und legte zum Zeichen seiner Verehrung einen goldenen Kranz und Blumen nieder".

gefeiert und genauestens verzeichnet. Bei der göttlichen Verehrung Oktavians handelt es sich aber zur gleichen Zeit um die ersten Vorboten eines imperialen Kultes, der sich bald auf das ganzen Reich erstrecken wird.

Allerdings ist der neue Pharao eher darauf aus, die Schätze des Landes auszubeuten, als den lokalen Traditionen und den Wünschen der Einheimischen zu folgen. Als Römer und Sieger beabsichtigt er zudem, seine Eigenständigkeit mit großer Deutlichkeit hervorzuheben. Zwar erkennt er den hellenistischen Gott Serapis an, doch weigert er sich, sein Knie vor dem Stiergott Apis zu beugen, eine Handlung, die bei der Einweihungszeremonie der Pharaonen üblich ist: Oktavian kommentiert seine Weigerung trocken, „er habe die Angewohnheit, sich den Göttern zu Füßen zu werfen, nicht aber Tieren". Schließlich verbietet er schon im Jahr seiner Rückkehr nach Rom das Einrichten privater Kapellen für ägyptische Götter im *Pomerium*, dem heiligen Bezirk der Stadt. Zusätzlich gibt er beim Besuch des Grabmals Alexanders des Großen zu erkennen, daß er die Gräber der Ptolemäer nicht zu sehen wünsche, „er habe einen

So wie schon Cäsar bewunderte auch Oktavian den großen Eroberer und Gründer der Stadt Alexandria, als dessen direkter Nachfolger er sich verstand. Sébastien Bourdon hat Oktavian, der an seinem roten Feldherrnmantel zu erkennen ist, in die Mitte des Bildes gestellt. Er steht im Zentrum einer Gruppe von Alexandrinern und weist mit der Hand auf das Grab Alexanders. Hinter einer Pyramide schaut die Statue des legendären Bukephalos (das Pferd Alexanders) hervor.

König sehen wollen, keine Leichen" (Sueton, Augustus 18).

Das Grab Alexanders ist bis auf den heutigen Tag nicht wiederentdeckt worden, und nur literarische Quellen verweisen darauf, daß Ptolemaios I. den Leib Alexanders nach Ägypten bringen ließ und ihn dort bestattete.

Eine ganz besondere Provinz

Wegen der strategischen und wirtschaftlichen Bedeutung des Landes bietet Oktavian Ägypten eine spezielle Stellung unter den römischen Provinzen an, die vier Jahrhunderte lang Bestand haben wird. Das Land gelangt in seinen persönlichen Besitz und wird später kaiserliche Provinz. Es ist somit direkt vom jeweiligen Herrscher abhängig und wird daher nur von einem Präfekten geleitet. Der Dichter-Soldat Cornelius Gallius, ein Freund Vergils, wird der erste Präfekt Ägyptens. Er betreibt eine sehr effektive, selbstbewußte Politik und unterdrückt erfolgreich mehrere Aufstände. Trotzdem muß er schließlich abdanken und wird im Jahr 26 v. Chr. zum Selbstmord gezwungen.

Das für seine Effizienz bekannte ägyptische Beamtensystem wird beibehalten. Zu den von der Zentralmacht bezahlten Beamten kommen nun noch die Priester hinzu, denn die Ländereien der Tempel sind inzwischen konfisziert worden. Da es sich der neue Pharao nicht leisten kann, die machtvolle Priesterschaft gegen sich aufzubringen, wird sie geehrt und reichlich entlohnt.

Aus reiner Vorsicht reglementiert Oktavian die Beziehungen zwischen Rom und der neuen Provinz aufs strengste. Ägypten wirkt daher wie von einem Sperrgürtel umgeben. Kein Senator darf ohne Erlaubnis ägyptischen Boden betreten, und kein Ägypter, außer den Alexandrinern, kann eine Aufenthaltserlaubnis für Rom erhalten.

Überhaupt ist Oktavians Haltung gegenüber Alexandria zwiespältig. Er stützt sich einerseits auf die griechischen und jüdischen Elemente, andererseits mißtraut er ihnen aber so sehr, daß kein Alexandriner in den Senat eintreten darf. Alexandria besitzt, im Gegensatz zu allen anderen griechischen Städten, weder höhere Verwaltungsbeamte noch Ratsversammlungen. Sowohl die Griechen als auch der hellenisierte Teil der Bevölkerung

Oktavian schuf die Voraussetzungen für den späteren Kaiserkult, der das riesige Römische Reich zusammenhalten sollte. Er selbst sah sich nie wirklich als Gott, sondern er verstand sich als Princeps („Erster Bürger"), als Pater Patriae („Vater des Vaterlandes"), als Pontifex Maximus (religiöses Oberhaupt) und schließlich seit der Senatssitzung am 16. Januar 27 v. Chr. als Augustus („der Erhabene"). Dieser Titel wurde schon bald wie ein Name verwendet und stand für seine außergewöhnliche Intelligenz und staatsmännische Begabung.

dienen Oktavian aber zur Unterstützung der Macht Roms. Dafür gewährt er ihnen besondere Privilegien, unter anderem Steuererleichterungen.

Der übrige Teil der ausgebeuteten und verachteten einheimischen Bevölkerung muß dagegen unter der viel zu hohen Steuerlast leiden. Die Verwaltungssprache bleibt weiterhin Griechisch. Ein besonderes Steuersystem mit Meldepflicht erschwert das Leben der einfachen Leute, besonders der Bauern, die eine Kopfsteuer (laographia) zu entrichten haben. Die Erträge der Landwirtschaft erhöhen sich aber durch ein verbessertes Bewässerungssystem. Trotzdem verschieben sich die Einkommensverhältnisse zu Gunsten der hellenistischen Bürgerschaft. Bis zum 3. Jh. n. Chr. kann sich zumindest die hellenistische Oberschicht noch einen gewissen Wohlstand erhalten; Ägypten gilt als reichste Einkommensquelle Roms. Die Neustrukturierung des Landes bestimmt dann die Zukunft Ägyptens für die nächsten Jahrhunderte. Erst nach der Teilung des Römischen Reiches verliert das Land am Nil seine Sonderstellung. Zur Zeit Oktavians aber war er es allein, der als Augustus („Erhabener") die antike Welt und damit auch Ägypten neu gestaltete.

Lange Zeit galt dieser Kopf einer Basaltstatue im Pariser Louvre (unten) aufgrund der markanten Nase als Darstellung eines römischen Herrschers über Ägypten. Heute aber ist man sicher, daß es sich um das Abbild eines ptolemäischen Königs des 1. Jahrhunderts v. Chr. handelt, denn die Nase wurde nachträglich ergänzt, wodurch offensichtlich ein falscher Eindruck entstand. Auf der folgenden Seite ein Stich des Nordtores von Dendera von Jean-Baptiste Prosper Jollois und René Edouard Devilliers du Terrage.

ZEUGNISSE UND DOKUMENTE

Ägypten und die Ptolemäer

Mit der Eroberung durch Alexander den Großen begann für das Land am Nil eine Zeit außerordentlich wechselhafter politischer und wirtschaftlicher Verhältnisse. Die Motive und Reaktionen der letzten ptolemäischen Herrscherin, aber auch die ihrer Gegner, sind daher vielfach nur aus der historischen Entwicklung des Lagidenreiches zu verstehen.

Ein ptolemäischer Herrscher des späten 2. Jahrhunderts

Die Herrschaft der Griechen über Ägypten begann mit Alexander dem Großen. Er befreite Ägypten vom Joch der persischen Herrschaft und gründete mit Alexandria den späteren glanzvollen Mittelpunkt des Hellenismus. Sein Ruhm war unsterblich. Fast scheint es, daß die legendäre Gestalt des makedonischen Feldherrn zugleich das Ende der mehr als drei Jahrhunderte währenden Herrschaft der Griechen in Ägypten markierte, denn mit dem römischen Feldherrn Oktavian triumphierte einer seiner glühendsten Bewunderer.

Ägypten und Alexander der Große

Im Winter des Jahres 332 v. Chr. marschierte Alexander, nachdem er erst in Issos (333 v. Chr.) und dann in Tyros über die Perser gesiegt hatte, in Ägypten ein. Mazakes, der vom persischen Großkönig Darius III. ernannte Satrap (Statthalter), sah keinerlei Chancen gegen den Makedonen und übergab ihm kampflos das Land.

Alexander war sichtlich um ein gutes Verhältnis zu den Ägyptern bemüht, da er die schier unerschöpflichen Ressourcen und die gut funktionierende Verwaltung des Landes für seine Zwecke nutzen wollte. Auch die Ägypter waren an ihm interessiert, denn sie brauchten einen neuen König, der als göttlicher Horus und Sohn der Sonne den Thron besteigen, als oberster Kultherr fungieren, das Chaos vertreiben und für Ordnung und Gerechtigkeit eintreten konnte. So verhielt sich Alexander wie ein ägyptischer Pharao und vollzog demonstrativ den ägyptischen Götterkult. Er begab sich zum berühmten Orakel des Zeus-Ammon in der Oase

Siwa, denn er betrachtete sich selbst als Sohn des Zeus und erwartete dort seine Anerkennung als Gott und Legitimierung als Pharao.

Alexander war die ideale Besetzung für diese Rolle. Er hatte die verhaßten Perser und damit nach ägyptischer Vorstellung das Chaos vertrieben, das Reich neu entstehen lassen und war nun anerkannter Sohn Gottes. Aber schon bald nach Gründung der Stadt Alexandria (331 v. Chr.) verließ der König das Land, mit dem Bestreben, die Welt zu erobern. Doch sollte er – nach der Rückkehr aus Indien und seinem überraschenden Tod in Babylon (323 v. Chr.) – erst als Toter zurückgelangen. Ptolemaios, Sohn des Lagos, war es, der die Auseinandersetzung um den Leichnam für sich und damit für Ägypten entscheiden konnte.

Die ungeklärten Umstände bei Amtsantritt und Tod des Alexander, seine unglaublichen militärischen Leistungen und seine Vergöttlichung schon zu Lebzeiten förderten die Legendenbildung. In Ägypten kam aber noch etwas anderes hinzu, denn man verehrte ihn hier als Sohn des letzten ägyptischen Königs Nektanebos II. (360–342 v. Chr.) und damit als legitimen Nachfolger der ägyptischen Pharaonen.

Von Alexander dem Großen zur Herrschaft der Ptolemäer

Der plötzliche Tod des Herrschers stellte alle vor eine schwierige Situation. Der Sohn Alexanders und seiner Frau Roxane war noch nicht geboren und sein Halbbruder Arrhidaios geistig verwirrt. Trotzdem wurde Arrhidaios durch die Reichsordnung von Babylon (323 v. Chr.) unter dem Namen Philippos (III.) inthronisiert; die Regierung übernahmen aber die drei Reichsverweser Antipatros, Perdikkas und Krateros. Nach der Geburt von Roxanes Sohn Alexander (IV.) wurde dieser zum Mitregenten erhoben und später nach dem Mord an Arrhidaios im Jahre 317 zum Alleinherrscher erklärt. Kassandros, der Sohn des Antipatros, fürchtete aber schon bald um seine Macht und ließ den jungen König und seine Mutter ermorden (309 v. Chr.). Nun war kein thronfähiger Nachfolger Alexanders des Großen mehr vorhanden, und eine Zeit erbitterter Nachfolgestreitigkeiten begann.

In Ägypten hatten die beiden jungen Scheinkönige zwar als göttliche Herrscher gegolten, und es waren Bauten in ihrem Namen errichtet worden (z. B. das Barkensanktuar des Amun-Tempels in Karnak), trotzdem spielten sie dort keine realpolitische Rolle. Der wirkliche Herrscher im Lande war Ptolemaios, ein Weggefährte und General Alexanders des Großen, der auf eigenes Betreiben hin im Jahre 323 v. Chr. zum Satrap von Ägypten ernannt wurde.

Ägypten unter Ptolemaios I. Soter

Dem Beispiel der anderen Diadochen („Nachfolger") folgend nahm er im November 306 v. Chr. den Titel Basileus („König") an. Doch auch im Zeitalter der hellenistischen Königreiche endeten die kriegerischen Auseinandersetzungen nicht. Noch im gleichen Jahr wurde die ägyptische Kriegsflotte bei Salamis aufgerieben, und es gelang Ptolemaios nur mit

Mühe, einen Invasionsversuch des Antigonos, der die Alleinherrschaft anstrebte, und seines Mitregenten Demetrios abzuwehren.

Ptolemaios I. betrachtete sich als rechtmäßigen Nachfolger Alexanders des Großen in Ägypten, und so verband er dessen Todestag mit seiner Thronbesteigung als Pharao im Jahre 304 v. Chr. Nun nannte er sich auch Soter „Erretter". Er erklärte Alexandria zu seiner Hauptstadt und installierte dort einen Kult für den vergöttlichten Alexander. Er förderte die griechischen Einwanderer, unterstützte aber auch die einheimische Verwaltung und gewährte der ägyptischen Oberschicht weiterhin ihre Privilegien. Ptolemaios I. war auf deren loyales innenpolitisches Wirken angewiesen, da er selbst von Großmachtambitionen erfüllt in ständige Auseinandersetzungen mit den anderen Diadochen verwickelt war, wovon allein fünf Diadochenkriege während seiner Amts- und Regierungszeit zeugen. Er wollte die Interessen Ägyptens im vorderasiatischen und ägäischen Raum sichern und dem Land dadurch seine politische Unabhängigkeit garantieren. Als Voraussetzung dazu baute er ein leistungsfähiges Heer aus griechisch-hellenistischen Söldnern auf, mit dem es ihm gelang, seine Macht über die Kyrenaika, Zypern, das westliche Syrien und die phönikischen Hafenstädte auszudehnen und gleichzeitig das ägyptische Kernland vor Krieg zu bewahren. Um den Zusammenhalt des Reiches zu sichern, schuf er ein eigenes verbindliches Münzsystem und legte damit die Grundlage für eine gut funktionierende Wirtschaft. Doch der starke

Ein Doppelbildnis des ersten Lagidenherrschers Ptolemaios I. Soter und seiner Gattin Berenike I., 3. Jahrhundert v. Chr.

Zustrom an Einwanderern aus dem hellenistischen Raum, die Ansiedlung von ehemaligen Söldnern und die Herausbildung einer neuen, nicht ägyptischen Elite führten zu ersten Problemen.

Ptolemaios I. förderte einerseits den kulturellen Aufschwung des Landes in hellenistischem Sinne (Gründung von Museion und Bibliothek in Alexandria), setzte sich andererseits aber auch für den Erhalt traditioneller ägyptischer Werte ein. Als eine der genialsten Leistungen muß angesehen werden, daß er den in Memphis geschaffenen theologischen Gedanken von der zur Einheit gewordenen göttlichen Gestalt der verstorbenen Apisstiere (Osiris-Apis) nach Alexandria brachte. Als Serapis wurde er dort zu einer einzigartigen ptolemäischen Gottheit, die ägyptische und hellenistische Vorstellungen von Unterwelt und Fruchtbarkeit miteinander verband. Zusammen mit Isis sollte er in der Folgezeit, weit über die ägyptischen Grenzen hinaus, ungeheure Popularität erlangen.

Geschwisterehe

Im Jahre 285/284 v. Chr. ernannte der König seinen jüngsten Sohn Ptolemaios II. Philadelphos zum Mitregenten und zog sich aus der Politik zurück. Als der 84jährige Soter zwei Jahre später starb, herrschte sein Sohn über ein in sich gefestigtes hellenistisches Königreich. Anläßlich seiner Thronbesteigung ließ der junge König seinen verstorbenen Vater als Theos Soter in den Olymp erheben, um dadurch die Verbindung zwischen dem Ptolemäergeschlecht und der Götterwelt festzuschreiben. Hierdurch wurde ein an den Alexanderkult anschließender Dynastienkult begründet, der später lebende und verstorbene Ptolemäer miteinschließen sollte.

Das Kräftespiel zwischen Ptolemäern, Seleukiden und Makedonen bestimmte die Politik der folgenden Jahrzehnte. Die Schwester des Philadelphos, Arsinoe II., war 279 v. Chr. von Thrakien nach Ägypten zurückgekehrt, nachdem sie – verstrickt in zahlreiche Intrigen – ihren Gatten, den Makedonenkönig Lysimachos, und ihre Position als Königin verloren hatte. Sie verdrängte Arsinoe I., die Gemahlin ihres Bruders und Tochter des Lysimachos, und verwies sie des Landes. Nun war der Weg für diese machthungrige, aber auch kluge Frau frei, und sie bestieg als zweite Ehefrau ihres Bruders den Thron. Ihr Einfluß auf den verwöhnten, prunksüchtigen Herrscher war ganz erstaunlich, und es gelang ihr, aus ihm einen bewußt agierenden Staatsmann zu formen. Als sie im Jahre 270 oder 268 starb, ließ Ptolemaios II. sie zur Göttin erheben, für die ein selbständiger Kult eingerichtet wurde. Gleichzeitig wurde sie aber auch mit Isis-Hathor und Aphrodite gleichgesetzt und somit mythisch eingebunden. Auch außerhalb Ägyptens fand sie bald im gesamten östlichen Mittelmeerraum, vor allem als Schutzherrin der Seefahrt, Verehrung.

Ptolemaios II. betrieb eine ausgeprägte Expansionspolitik. Er ließ den Kanal vom Nil zum Roten Meer wiederherstellen und dehnte seinen Einfluß weit nach Süden hin aus. Er eroberte die unternubischen Goldminen im Wadi Allaqi, sandte eine Expedition bis nach Meroe aus, u. a. um Kriegselefanten zu erhalten, und unterhielt sogar diplomatische Kontakte zum indischen König Aschoka. Aber auch Rom weckte sein Interesse, und er schloß einen Freundschaftsvertrag. Seine militärischen Aktionen im Ostmittelmeerraum, die sich hauptsächlich auf eine starke Seeflotte stützten, waren von wechselhaften Erfolgen bestimmt. Die große Bedeutung, die er der Seefahrt zumaß, wird aber auch schon darin deutlich, daß er gleich zu Beginn seiner Regierungszeit den Leuchtturm von Alexandria, den Pharos, hatte errichten lassen.

Innenpolitisch ließ er zur Intensivierung der landwirtschaftlichen Erträge alle in Frage kommenden Ressourcen erfassen und neue Anbaumethoden einführen. Verwaltung und

Wirtschaft funktionierten zum Besten des hellenistischen Staates, nicht immer aber zum Besten der einheimischen Landbevölkerung. Ägypten besaß damals eine landwirtschaftliche Produktionsleistung, die später erst wieder Anfang des 19. Jh. n. Chr. erreicht werden konnte. Eine fremde Technokratenschicht verdrängte zunehmend die Ägypter; das Griechische, daß schon seit Beginn Sprache des Hofes und des Militärs gewesen war, wurde nun auch für große Teile der Verwaltung verbindlich.

Anders sah die Situation im religiösen Bereich aus. Die Ptolemäer verstanden sich als Pharaonen, als oberste Kultherren auf der Basis altägyptischer Königsideologie. So förderten sie nicht nur die mit ihnen direkt verbundenen Kulte für die vergöttlichten Ptolemäer oder den ägyptisch-hellenistischen Serapis, sondern auch die große Anzahl traditioneller Götter. Die religiösen Zentren und die dort gepflegten theologischen Wissenschaften erlebten einen enormen Aufschwung, was sich auch in den großartigen Tempelbauten dieser Zeit widerspiegelt. Unter Ptolemaios II. sind neben zahlreichen anderen Bau- und Dekorationsvorhaben vor allem der Neubau des Isis-Tempels auf der Insel Philae hervorzuheben.

Auf dem Höhepunkt der Macht

Nach dem Tode seines Vaters (246 v. Chr.) führte Ptolemaios III. dessen Politik fort. Er herrschte nun über ein gewaltiges Reich, zu dem Libyen und die Kyrenaika, Äthiopien, Phönikien, Palästina, Zypern und die Kykladen

Goldoktadrachmon mit den Porträts Ptolemaios II. Philadelphos und seiner Gemahlin Arsinoe II., 3. Jahrhundert v. Chr.

gehörten. Als es ihm im 3. syrischen Krieg (246 – 241 v. Chr.) sogar gelang, bis nach Mesopotamien vorzudringen, hatte das Ptolemäerreich seine größte territoriale Ausdehnung erreicht. Nach seiner Rückkehr nahm er den Kultnamen Euergetes („Wohltäter") an. Trotz der scheinbar günstigen Situation – das Reich hatte sich enorm ausgedehnt, die vom griechischen Finanzminister Apollonios betriebene Handelspolitik war erfolgreich und die privilegierte ägyptische Priesterschicht schien zufrieden zu sein – sahen nicht alle Ägypter einen „Wohltäter" in ihm, denn der letzte Feldzug hatte die Kräfte des Landes überfordert. Die ägyptische Landbevölkerung war durch immer höhere Steuern, die zur Finanzierung des Krieges notwenig gewesen waren, und durch ein für sie ungerechtes Verwaltungs- und Wirtschaftssystem in eine kaum noch erträgliche Situation geraten. Ein Aufstand der Ägypter gegen die Ptolemäerherrschaft war unvermeidlich. Zwar gelang es Ptolemaios III. die Situation zu entschärfen, die zugrundeliegenden Mißstände wurden aber nicht verändert. Denn einerseits war es den Ptolemäern gelungen, zu Teilen der privilegierten ägyptischen Oberschicht ein gutes Verhältnis herzustellen und insbesondere die ägyptische Priesterschaft durch den Ausbau ihrer Privilegien (z. B. im Dekret von Kanopos) und Tempelbauvorhaben (u. a. Horus-Tempel von Edfu und Serapeum in Alexandria) für sich zu gewinnen, der Großteil der ägyptischen Bevölkerung war ihnen aber andererseits völlig gleichgültig. Die Bedeutung des Klerus lag für die Ptolemäer aber nicht nur in ihrer religiösen Funktion, sondern auch in ihrer wirtschaftlichen, da im 3. Jh. v. Chr. fast ein Drittel des Landes den Tempeln gehörte.

Der Niedergang der Ptolemäermacht

Unter den folgenden Ptolemäern geriet das von innen- und außenpolitischen Krisen geschüttelte Land in eine immer schwierigere Lage.

Ptolemaios IV. Philopator (der „Vaterliebende"), der seinem Vater 221 v. Chr. auf den Thron folgte und nur ein Jahr später seine Schwester Arsinoe III. heiratete, stand unter dem Einfluß des klugen, aber skrupellosen Alexanderpriesters Sosibios. Dieser dürfte u. a. für die Morde an einigen der engsten Familienangehörigen des Königs verantwortlich gewesen sein.

Außenpolitisch sah sich Ägypten durch Antiochos III. bedroht. Da es Ptolemaios IV. nicht gelang, genügend hellenistische Söldner anzuwerben, mußte er für den 4. Syrischen Krieg (219 - 217 v. Chr.) auf einheimische Ägypter zurückgreifen. In der für ihn siegreichen Schlacht bei Raphia scheint es gerade dieses Kontingent aus 20000 Ägyptern gewesen zu sein, das kampfentscheidend war - und das, obwohl die Soldaten ihre Befehle mit Hilfe von Dolmetschern erhalten mußten.

In Ägypten selbst wuchs die Unzufriedenheit. Die einheimischen Bauern lebten in tiefster Armut und mußten nicht nur die Kriege, sondern auch die immer prunkvollere Hofhaltung der Ptolemäer erwirtschaften. Weiterhin mußten die Mittel für eine Reihe neuer Tempelanlagen aufgebracht werden (z. B. der Thot-Tempel von Dakke). So brachen unmittelbar nach Ende des Krieges im Norden des Landes Unruhen aus, an denen vor allem ägyptische Soldaten beteiligt waren.

Zu diesen chaotischen Zuständen und dem jahrelang andauernden Guerillakrieg kam im Jahr 206 noch ein Aufstand in Oberägypten hinzu, der zur Gründung einer rein ägyptischen Gegenregierung in der Thebais führte. Der Wunsch der Aufständischen war in erster Linie die Unabhängigkeit von Alexandria, und so ernannte sich in Theben Harwennefer zum Pharao.

Bis 204 v. Chr. scheinen sich allerdings noch ptolemäische Regierungstruppen in Theben aufgehalten zu haben.

Ein Kind auf dem Thron

Nach dem Tode Ptolemaios' IV. (204 v. Chr.) ließen Sosibios und Agathokles, die beiden Berater des verstorbenen Königs, die Königin Arsinoe III. ermorden, damit sie nicht die Regentschaft für ihren unmündigen Sohn Ptolemaios V. Epiphanes übernehmen konnte. Ein mehrjähriger Streit um die Vormundschaft brach aus. Im Alter von 13 Jahren wurde Epiphanes im Jahre 196 v. Chr. schließlich vom Militär auf den Thron gesetzt. Die Krönungsfeierlichkeiten wurden auf einer dreisprachigen Stele festgehalten (dem „Rosettastein"), die später den Schlüssel zur Entzifferung der Hieroglyphen bieten sollte.

Die Außenpolitik des jungen Herrschers war von mehreren schweren Niederlagen während des 5. Syrischen Krieges (202–195 v. Chr.) gekennzeichnet. Philipp V. von Makedonien und Antiochos III. teilten sich schon insgeheim die Besitzungen des Ptolemäerreiches auf. Vorschnell ist Epiphanes zum Friedensschluß bereit, der durch die Heirat mit der Tochter Antiochos' III., Kleopatra I., besiegelt wird. Der Frieden ist teuer erkauft und kostet ihn das westliche Syrien und Anatolien.

Auch innenpolitisch verschärfte sich die Lage zunehmend. In Oberägypten regierte ab dem Jahre 200 v. Chr. Anchwennefer. Wie schon sein Vorgänger Harwennefer stand er nicht nur in politischer Opposition zu den Ptolemäern, sondern auch in religiösem Gegensatz zu den mit den Ptolemäern verbundenen Ptahpriestern von Memphis. Die beiden thebanischen Pharaonen erhoben Anspruch auf das Königtum des Osiris-Wennefer und wurden von der Priesterschaft des Amun in Theben anerkannt. Trotz dieser Unterstützung gelang es beiden Herrschern nicht, ein stabiles Königreich aufzubauen, da sie beständig ihre Position verteidigen mußten. 199 v. Chr. konnten die Ptolemäer zeitweilig sogar wieder Theben erobern. Trotzdem waren die Folgejahre von immer neuen Unruhen in Ober- und Unterägypten gekennzeichnet. Anchwennefer wurde dabei von Hilfstruppen der Meroiten unterstützt, und es gelang ihm, bis ins mittelägyptische Assiut vorzudringen. Im Jahre 186 v. Chr. konnte Anchwennefer endgültig besiegt werden und wurde auf einer Priestersynode in Alexandria zum Götterfeind erklärt, später aber, wohl um weitere Auseinandersetzungen zu vermeiden, begnadigt. Im folgenden Jahr wurde auch der Aufstand im Delta niedergeschlagen, die Anführer in diesem Fall jedoch gefoltert und hingerichtet.

Ein weiteres Problem bestand in der Flucht der Landbevölkerung aus ihren Dörfern, da die Steuerlast und die immer brutaleren Eintreibungsmethoden ein nicht mehr erträgliches Maß angenommen hatten. Epiphanes versuchte die Bevölkerung durch Schuldenerlasse zur Rückkehr zu bewegen, was ihm zum Teil wohl auch gelang.

Da sich die Situation innerhalb des Landes etwas entspannt hatte, wollte der König auch wieder außenpolitisch aktiv werden und stellte ein Söldnerheer auf. Diese Bestrebungen wurden aber zunichte gemacht, da

Goldene Gründungsplakette mit einer bilinguen Inschrift, die sich auf den Baubefehl Ptolemaios IV. für einen Tempel des Gottes Harpokrates im Serapeion von Alexandria bezieht, 3. Jahrhundert v. Chr.

er 180 v. Chr. einem Mordkomplott seiner Generäle zum Opfer fiel.

Rom: die neue Macht im Osten

Nun trat Kleopatra I. die Regentschaft für ihren noch unmündigen Sohn Ptolemaios VI. an. In den wenigen Jahren ihrer Herrschaft scheint sich Ägypten weiter erholt zu haben. Nach ihrem Tode im Jahre 176 v. Chr. brachen aber erneute Katastrophen über das Land herein.

Die lang andauernde außenpolitische Schwäche des Ptolemäerreiches weckte fremde Begehrlichkeiten, und so drang Antiochos IV. in der Folgezeit zweimal (170 und 168 v. Chr.) in Ägypten ein. Nur durch das Eingreifen des römischen Legaten Gaius Popilius Laenas gelang es schließlich (am „Tag von Eleusis" im Juli 168), Antiochos IV. zum endgültigen Rückzug zu bewegen. Dieses Eingreifen verdeutlicht die immer weitreichenderen Einflußmöglichkeiten Roms und die zunehmende Abhängigkeit des Ptolemäerreiches von dieser neuen Macht.

Zunächst gelang es Kleopatra II., der Tochter Ptolemaios V., zwischen den Machtansprüchen ihrer beiden Brüder Ptolemaios VI. Philometor, ihrem ersten Gatten, und Ptolemaios VIII., der sich später Euergetes II. nannte, zu vermitteln, so daß ab 170 v. Chr. für einige Jahre eine gemeinsame Herrschaft möglich war. Nach erneuten Streitigkeiten einigte man sich darauf, daß der spätere Euergetes II. über Kyrene und Philometor über den Rest des Reiches regieren sollte. Philometor suchte nun verstärkt Rückhalt beim ägyptischen Klerus und gab zahlreiche Tempelbauprojekte in Auftrag (u. a. den Doppeltempel für Haroeris und Sobek in Kom Ombo). Er trat öffentlich als Kultherr auf und muß zumindest bei der Oberschicht des Landes durchaus

Philae, Tempel der Isis: Säulenumgang vom Geburtshaus zwischen dem ersten und zweiten Pylon, 2. Jahrhundert v. Chr.

beliebt gewesen sein. Besonders förderte er die Juden in Ägypten, deren Anzahl unter seiner Regierung sprunghaft angestiegen war, da viele aus dem unruhigen Judäa flohen. Nach dem Tode Philometors sollte 145 v. Chr. sein Sohn Ptolemaios VII. den Thron übernehmen, aber schon im gleichen Jahr wurde er von seinem Onkel Euergetes II. umgebracht. Die Schwächung des Reiches durch Krieg und dynastische Streitigkeiten, Verfolgungen und Morde führten in Ägypten immer wieder zu Problemen, wie der Soldatenaufstand unter der Führung von Petosarapis in Alexandria oder die Unruhen im Fajum, denen sogar Priester zum Opfer fielen, zeigen. In der Thebais ließ sich im Jahre 131 v. Chr. noch ein letztes Mal ein Einheimischer namens Harsiese zum Pharao ausrufen, der aber schon ein Jahr später wieder entmachtet wurde. In seinen späten Jahren söhnte sich Euergetes II. zwangsweise mit seiner Schwester und Ehefrau Kleopatra II. aus.

Die Zeit der Thronkämpfe

Nach einer über 50jährigen Regierung starb Euergetes II. im Jahre 116 v. Chr. eines natürlichen Todes. Sofort entbrannte wieder der Streit um den Thron, denn Kleopatra II. protegierte ihr Enkelkind Ptolemaios IX. Soter II., ihre eigene Tochter aber, Kleopatra III., ihren jüngeren Sohn Ptolemaios X. Alexander I.

Die andauernden Streitigkeiten in der Familie führten das Land in den Ruin. Erst regierte Kleopatra III. zusammen mit Soter II., den sie schließlich vertrieb, und anschließend regierte sie mit Alexander I. Einen Rückkehrversuch des Soter II. konnte das Paar 102 v. Chr. erfolgreich zurückschlagen. Vorsichtshalber wurden aber vorher Alexanders Kinder und Teile des Staatsschatzes auf der Insel Kos in Sicherheit gebracht. Erhebliche Spannungen zwischen Kleopatra III. und Alexander I. führen schließlich zum Mord an seiner Mutter (101 v. Chr.). Im Jahre 88 v. Chr. wurde Alexander I. von den Alexandrinern angeblich wegen seiner judenfreundlichen Politik vertrieben und Soter II. zurückgerufen.

Schon zwei Jahre vorher muß eine Rebellion in Oberägypten ausgebrochen sein, mit der Alexander I. nicht fertig geworden war. Soter II. gelang es unmittelbar nach seiner Rückkehr, diesen Aufstand blutig niederzuschlagen. Danach herrschte zwar Ruhe im Land, die wirtschaftliche Situation war aber so katastrophal, daß die Landflucht in nie dagewesener Weise eskalierte. Ein Rückkehrversuch Alexanders I. scheiterte, und er starb im Jahre 87 v. Chr. bei dem Versuch, Zypern zurückzuerobern. Bedeutsam sollte später aber noch einmal werden, daß Alexander I., um die finanzielle Unterstützung Roms zu erhalten, Ägypten an Rom testamentarisch überschrieben hatte.

Nach dem Tode Soters II. (80 v. Chr.) übernahm seine Frau Berenike III. den Thron. Der römische Diktator Sulla sah nun den Zeitpunkt gekommen, direkten Einfluß auf die Geschicke Ägyptens zu nehmen. In Rom hielt sich nämlich zu diesem Zeitpunkt Ptolemaios XI. Alexander II., ein Sohn Ptolemaios X. Alexanders I., auf. Dieser war 88 v. Chr. auf der Insel Kos von Mithridates VI. gefangen genommen worden. Vier Jahre später konnte er aber nach Rom fliehen und stand dort unter dem direkten Schutz Sullas. Der Diktator überzeugte ihn davon, nach Ägypten zurückzukehren und seine Stiefmutter zu heiraten. Doch diese Verbindung endete tragisch, denn nach nur 19tägiger gemeinsamer Herrschaft ließ Alexander II. die Mitregentin ermorden. Die alexandrinische Bevölkerung, die Berenike III. sehr geschätzt hatte, war empört, stürmte den Palast und lynchte den König.

Die Zeit des „Flötenspielers“

Erneut war die Thronfolge unsicher. Die Alexandriner befürchteten eine Annexion durch die Römer, da sich diese in den letzten Jahrzehnten, vielfach auch auf Wunsch einzelner Ptolemäer, in die inneren Angelegenheiten des Landes eingemischt hatten und nun auch noch der von ihnen unterstützte Alexander II. umgebracht worden war. Sie holten die im Ausland lebenden Kinder des Ptolemaios IX. Soter II. nach Ägypten zurück und machten Ptolemaios XII. Philopator Philadelphos zum König, seine Schwester Kleopatra V. Tryphaina wurde seine Gemahlin und Mitregentin. Seinen Bruder ernannte man gleichzeitig zum Herrscher über das nun erstmals von Ägypten unabhängige Königreiches Zypern.

Spätestens zu seiner offiziellen ägyptischen Krönung (76 v. Chr.) nahm Ptolemaios XII. den Titel Neos Dionysos („Neuer Dionysos“) an. Neos Dionysos war einerseits um die Unterstützung der mächtigen ägyptischen Ptahpriesterschaft bemüht und andererseits um seine Anerkennung durch Rom. Mit gewaltigen Bestechungssummen an römische Senatoren buhlte er um die Unterstützung Roms. Aber erst im Jahre 59 v. Chr. gelang es ihm schließlich, durch Cäsar als legitimer König anerkannt zu werden. Als Dank für seine Hilfeleistungen in Syrien erhielt er außerdem den Ehrentitel „Freund und Verbündeter Roms“ verliehen. Innenpolitisch geriet er dadurch aber in Bedrängnis, denn die Alexandriner begannen ihm zu mißtrauen, und die übrige Bevölkerung, welche die ungeheuren Summen hatte aufbringen müssen, begann zu streiken. Als Rom schließlich das Königreich Zypern annektierte (angeblich weil Zypern die Seeräuber unterstützt hatte), schlugen Mißtrauen und Verzweiflung in Haß um, und Neos Dionysos wurde kurzerhand abgesetzt (58 v. Chr.). Seine Töchter Kleopatra VI. und Schwester Berenike IV. nahmen nun seine Stelle ein. Nach dem Tod der Kleopatra VI. (57 v. Chr.) wurde der Mann Berenikes, Archelaos, Mitregent.

Neos Dionysos floh nach Rom und hoffte dort auf Unterstützung, doch es sollte drei Jahre dauern, bis er zurückkehren konnte. Die römischen Bankiers, bei denen er hoch verschuldet war, förderten seinen Wunsch, denn nur wenn er wieder auf den Thron gelangte, konnte er diese Auslagen zurückzahlen. Schließlich beauftragte Pompeius den syrischen Prokonsul Gabinius mit der Wiedereinsetzung des Neos Dionysos. Archelaos wurde geschlagen und Neos Dionysos kehrte nach Alexandria zurück (55 v. Chr.). Doch die erneute Unterstützung Roms hatte wiederum Unsummen gekostet. So ließ er nach seiner Rückkehr zahlreiche Alexandriner, einschließlich seiner Tochter Berenike IV. umbringen und ihr Vermögen einziehen, um es zur Tilgung seiner Schulden zu verwenden. Die ungeheuren Summen, die an Rom geflossen waren, hatten das Land an den Rand des Abgrunds gebracht. Um seinen Kindern, die aus einer illegitimen Beziehung stammten, die spätere Herrschaft zu sichern, setzte er 52 v. Chr. seine älteste Tochter Kleopatra VII. als Mitregentin ein. In seinem Testament bestimmte er seinen Sohn Ptolemaios XIII. zu deren Gemahl und späteren König.

Den realpolitischen Gegebenheiten zur Zeit des Neos Dionysos stand ein völlig wirklichkeitsfernes ideologisches Selbstverständnis des Herrschers gegenüber. Als Osiris-Dionysos war er jugendlicher Gott und Heilsbringer, dem eine göttliche Lebensweise in äußerstem Luxus mit allen nur denkbaren Genüssen zustand. Sein Beiname Auletes („Flötenspieler") steht für diese Vorstellung. Seinen religiösen Aufgaben wurde er aber auch durch zahlreiche Baumaßnahmen im ganzen Land gerecht. So wurde unter seiner Regierung z. B. der Horus-Tempel von Edfu eingeweiht (70 v. Chr.) und der Neubau des Hathor-Tempels von Dendera begonnen (54 v. Chr.).

Als er im Jahre 51 v. Chr. starb, übernahm seinem Wunsch entsprechend Kleopatra VII. zusammen mit Ptolemaios XIII. die Herrschaft. Gemäß den ptolemäischen Gepflogenheiten brach schon bald der Machtkampf aus. Der Anfang vom Untergang des Ptolemäerreiches hatte begonnen und Kleopatra konnte trotz aller Klugheit die Diskrepanz zwischen dem übersteigerten Anspruch der ptolemäischen Königsideologie und realpolitischer Wirklichkeit nicht mehr lösen. Das ptolemäische Konzept vom orientalischen Großreich hatte sich überlebt und mußte letztlich dem Machtanspruch des römischen Reiches weichen.

Regine Schulz

Das ptolemäische Herrscherhaus

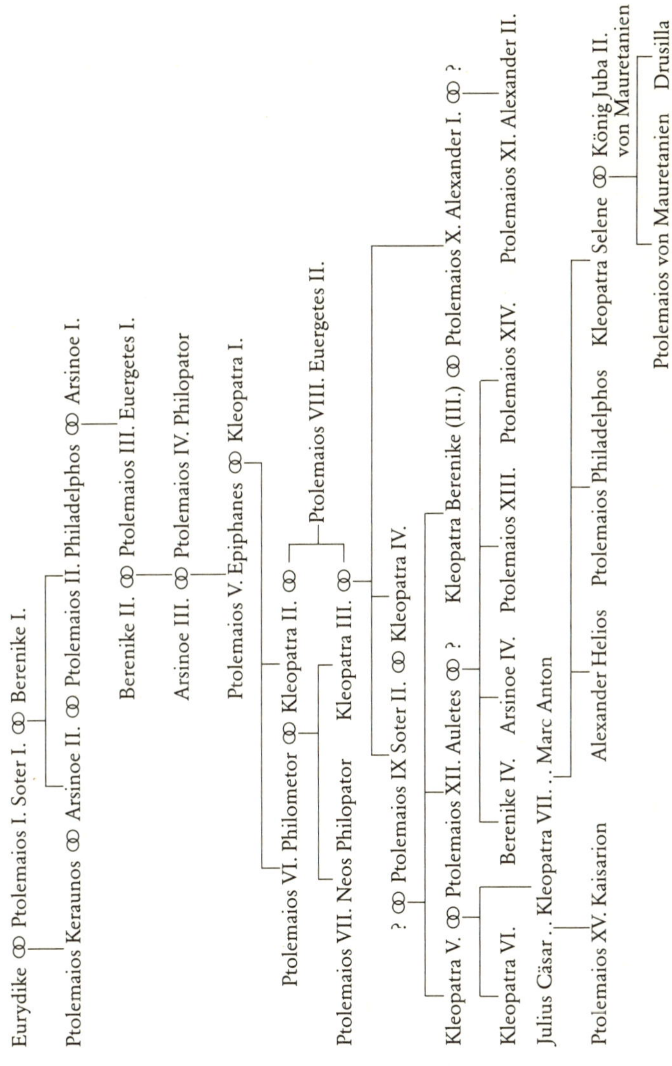

Der Kult zur Zeit der Kleopatra

Es gibt kein einheimisch-ägyptisches Zeugnis dafür, daß die Bevölkerung Ägyptens, abseits von Alexandria, ihre neue Herrscherin Kleopatra begeistert begrüßt hätte. Trotz der katastrophalen wirtschaftlichen Lage stand die zentrale religiöse Rolle der neuen Herrscherin aber niemals in Frage.

Kleopatra kann trotz der Versuche Oktavians, sie als typische Ägypterin hinzustellen, kaum als Interessenvertreterin der Masse der Ägypter bezeichnet werden. Als einzige der Ptolemäerherrscher soll sie zwar unter anderen Sprachen auch die der Einheimischen beherrscht haben, doch sind die literarischen Berichte darüber eher Versuche, durch Übertreibung die überragende Bildung der Königin hervorzuheben.

Die ptolemäische Mißwirtschaft und die von den griechischen Beratern am Königshof getragenen Thronwirren hatten das Land zerrüttet. Ägypten waren die Einnahmen seiner besten Ländereien verloren gegangen, der Geldumlauf war eingeschränkt und Naturalwirtschaft herrschte vor. 43 – 42 und wieder 31 – 30 v. Chr. brachte ein niedriger Nil Hungersnot, im Glauben der Ägypter ein negatives Vorzeichen, da der Pharao Garant für die Fruchbarkeit bringenden hohen Nilfluten war. Die ökonomische Misere brachte das notleidende Volk gegen die im Lande allgegenwärtigen

Tuna el-Gebel: Das Relief von einer unterirdischen Kapelle zeigt Ptolemaios I. Soter beim Opfer vor dem ibisköpfigen Gott Thot.

Fremden auf. In den von griechischem Recht geprägten Städten war der Einheimische bereits zum Fremden geworden. In manchen Landstrichen, wie etwa der Oase Fajum, hatten sich fremde Soldatenkolonisten und vornehme, meist griechische Landbesitzer die besten Gebiete gesichert. Griechen, Juden und andere Volksgruppen hatten das Bankwesen und den Handel in der Hand. Römer, die sich immer mehr in die Politik der Ptolemäer einmischten, traten in Ägypten auch als Touristen auf, bestaunten den Apisstier oder das heilige Krokodil in der Hauptstadt der Oase Fajum. Nicht immer nahmen sie Rücksicht auf das religiöse Gefühl des Einheimischen. So fiel ein Römer, der eine heilige Katze in Bubastis unabsichtlich getötet hatte, dem Volkszorn zum Opfer.

Der ägyptische Klerus

Unberührt von der oft stürmischen Entwicklung am Hofe und der Einstellung zur Regentin in Alexandria wurde die religiöse Rolle des Pharao im Bewußtsein des Einheimischen durch die Priesterschaft vertreten. In feierlichen Lesungen und Kulthandlungen am Tempel wurde der Pharao als handelnder Gott präsentiert. Die Notwendigkeit der göttlichen Institution des Pharao als Garant der Ordnung wurde in Ägypten nie angezweifelt.

Neben dem Klerus eines großen ägyptischen Tempels gab es eine Fülle von sakralen Diensten an Götterstatuen und Statuetten für den kleinen Priester, besonders im ländlich-dörflichen Bereich. Der Priester des kleinen Sanktuars, der aus dem Volke kam, konnte einen Kultposten von der staatlichen Administration kaufen, vorausgesetzt er hatte dazu die Mittel und die nötigen religiösen Grundkenntnisse. Er lebte von der Felderausstattung der Kultstelle, trug gegen Entgelt die Orakelanfragen der Bevölkerung der Gottheit vor, führte die Götterbilder mit sich und begleitete das Erscheinen der Götter an ihren Festtagen.

Der einfache Ägypter, der hoch besteuert oft harte Dienste auf den Äckern und an den Deichanlagen leistete, war durch die Dorfzugehörigkeit, Familienbande und Mitgliedschaft in seiner religiösen Gemeinschaft an sein Götterbild gebunden. Das oft tiergestaltige Götterbild vor dem Sanktuar war sein Begegnungsort mit der Gottheit. Nur der Priester durfte das Heiligtum betreten, die Vermittlung zum Hochgott stellte allein der wissende Priester her. Die Priesterschaft des großen Tempels hielt den ägyptischen Kult frei von griechischen Einflüssen und überwachte die religiöse Ausbildung. So attraktiv für manche Griechen die ägyptischen Kulte waren, so übernahmen umgekehrt die Ägypter doch nie Formen des griechischen Glaubens in ihren durch die heiligen Schriften verewigten Kultablauf.

Die Zustimmung der einheimischen Priester zum Hofe wurde über Tempelsynoden und Feste, an denen religiöse griechische und ägyptische Gruppen miteinander auftraten, hergestellt. Der griechische Verwaltungsbeamte war als Repräsentant des Staates am ägyptischen Kult formal beteiligt. Der oberste Verwalter des jeweiligen Landesteiles war ein Oberpriester und hatte in der Tempelsynode das Sagen. Als vornehmer Grieche war er meist Mitglied der griechischen Serapeion-Gemeinschaft und des griechischen Gymnasions, hatte aber über ägyptische Priestertitel das Recht, auch den ägyptischen Tempel zu betreten. In der Tempelsynode trafen sich die griechische Führung und die Vertreter der ägyptischen Kulteinrichtungen.

Die Schicht der zwischen den Einheimischen vermittelnden Priester und ihre Loyalität zum alexandrinischen Herrscherhaus bedurfte politischer Rücksichtnahme. Zahlungen des Pharao an den Klerus anläßlich der großen Feste bedeuteten für viele Priesterfamilien lebensnotwendige Einkünfte. Eine traditionell pharaonische Pflicht war etwa die Stiftung der Kleopatra für den Totenkult des nach dem Tode vergotteten Apisstieres von Memphis. Der Hohepriester von Memphis als demjenigen, dem auch die Krönung des Herrschers und die Einführung des Apisstieres zukam, stand an der Spitze des mit dem Königshaus verbundenen Klerus. Er führte den Titel „Priester des Pharao".

Kalzitbüste des ptolemäischen Staatsgottes Serapis, 2. Jahrhundert n. Chr.

Die Opposition gegen die ptolemäische Dynastie lag im konservativen Oberägypten. Hier hat es noch kurze Zeit vor Kleopatra gegen die fremden Griechen gerichtete Aufstände gegeben. Der von den Priestern Oberägyptens getragene religiöse Partikularismus führte freilich dort auch zu blutigen Streitereien zwischen Städten, einheimischer Landbevölkerung und den stationierten ausländischen Soldatengruppen.

Der Kult der Kleopatra

Kleopatra erhielt bei Herrschaftsantritt zu ihrem Geburtsnamen die üblichen ägyptischen Kultnamen in hieroglyphischer Form. Ihr förmlicher Anschluß an die pharaonische Ahnenreihe und ihr Kult am ägyptischen Göttertempel blieb zu ihren Lebzeiten zunächst eine Angelegenheit der Tempelsynode, für das ganze Land geregelt durch zweisprachige Gesetze in griechisch und demotisch. Auch am Hofe in Alexandria dürfte es Statuen der Kleopatra und Formen des nebeneinander gestellten ägyptischen und griechischen Herrscherkultes gegeben haben. Erhalten ist wenig. Zu erschließen sind annähernd lebensgroße Statuen aus Bronze (die als Vorbild für spätere Statuenkopien dienten), doch gehören sie wohl zur hellenistischen Herrscherrepräsentation. Immerhin wurde kurz nach ihrem Regierungsantritt, 51 v. Chr., auf einer Gedenkstele einer lokalen griechischen Isisgemeinschaft mit ägyptischem Stelenbild, aber griechischer Inschrift der Göttin Kleopatra Philopator gedacht. Die Kultregel aus einem Ort der Oase Fajum wird das Opfer für die Mitglieder des Ptolemäerhauses vorgeschrieben haben. Längst wurden viele königliche Ringnamen in den traditionellen Bilderfolgen der ägyptischen Tempel leergelassen oder nur mit dem Titel Pharao versehen. Figuren des Pharao wurden als bloßes Kultrequisit mitgeführt.

Für große Neubauten von Göttersanktuaren wurden in den ersten Jahren der Kleopatra keine königlichen Mittel mehr aufgewendet. Das änderte sich erst, als Kleopatras Sohn Kaisarion mit seiner offiziellen Mitregentschaft ab 34 v. Chr. zur Absicherung der dynastischen Herrschaft politisch hervorgehoben wurde. So wurden gerade in Oberägypten (in Dendera, Koptos und Armant, vielleicht gab es ihren Kult auch in Philae) einige Bilder der Ritualszenen an Tempeln mit ihrem oder ihres Sohnes Namen versehen. Am Hathor-Tempel von Dendera erscheint sie mit Sistrum in der Rolle der Hathorgöttin hinter ihrem königlichen Sohn. Neben der Doppelkrone des regierenden Pharao trägt sie auch die besondere Krone ihrer vergöttlichten Vorfahrin, der Königin Arsinoe. Mit dieser erscheint sie zusammen mit ihrem Sohn auf einem Gedenkstein. Sie wird durch die Krone als „Isis, Tochter des (in der Urzeit auf der Erde regierenden Urgottes) Geb“ charakterisiert.

Hinter den neuen und im Detail durchaus ungewöhnlichen Tempelbildern steht sicher eine beabsichtigte, theologisch ausgeklügelte Absprache mit den staatstragenden ägyptischen Priesterkreisen. Lesbar waren die Hieroglyphen ohnehin nur noch für eine kleine Schar ausgebildeter Tempelschreiber. Diese Hieroglyphen bildeten das ptolemäische Schriftsystem und waren gegenüber früheren Zeiten in ihrer Anzahl erheblich erweitert worden. Zahlreiche Zeichen (ca. 6000 – 7000) wurden außerdem mit zusätzlichen Bedeutungen versehen, was das Verständnis erheblich erschwerte. Ähnlich verhielt es sich auch mit dem Demotischen, einer Kurzschrift, die für interne Verwaltungszwecke genutzt wurde und die im Gegensatz zu dem Ptolemäischen die ägyptische Umgangssprache dieser Zeit widerspiegelt.

Ägyptische Königinnen als Alleinherrscherin auf dem Pharaonenthron hat es vor Kleopatra mehrfach in der ägyptischen Geschichte gegeben. Parallel zur Rolle des Horus-Pharao hatte die Königsgemahlin sakrale Aufgaben. Sie war Königsmutter, die den Horus-Pharao – wenigstens in den permanent wiederholten Kultabläufen – wiedergeboren hatte. Dafür mußte sie selbst vergöttlicht werden und wurde schließlich identisch mit der solaren Himmelsgemahlin des ägyptischen Sonnengottes, mit der Göttin Hathor. In ihrer sakralen Rolle als regierender, gegen den Feind siegreicher Horus war sie dagegen männlich, wurde zu Osiris und zum Sonnengott. Die dualistische Konzeption und die Trennung des ägyptischen Pharao in die göttliche Person und das

Kom Ombo, Doppeltempel des Sobek und Haroeris: Die Darstellung auf einer Säulenschranke des Pronaos zeigt die Krönung von Ptolemaios XII. Auletes im Beisein der Götter Sobek und Hathor.

mythisch begründete Amt des Horus erlaubte, über die tatsächliche Persönlichkeit des Regenten hinwegzugehen.

Die in den ägyptischen Szenen dargestellte Rolle der Kleopatra als Isis-Mutter (des Horuskindes) und Hathor-Königin sowie die ihres Sohnes als junger Horusknabe und jugendlicher Horus-Falke folgt hier einem uralten, staatserhaltenden, von Priestern in Liturgie und Ritual nachvollzogenem Schema. An den großen Festen des Jahres war der Pharao in den Tempelhöfen mit den Göttern des Landes vereint und der ägyptischen Menge in der Kultstatue sichtbar. In Lesungen heiliger Schriften wurden die geheimnisvollen Vorgänge, die göttliche Geburt des Horus-Pharao und die Wiedergeburt des Horusknaben als Sohn des Osiris und der Isis nachvollzogen. Den Geburtsabläufen und der folgenden erneuten Thronbesteigung und Krönung des verjüngten Pharaos voraus gingen die nur den Eingeweihten bekannten Vergöttlichungen des Pharao. Unter anderen wurde er mit dem Erdgott Geb, mit Osiris und mit dem sichtbaren ägyptischen Sonnengott, dem Re-Harachte oder Amun-Re, identisch.

Der Kult der Griechen

Die in Ägypten lebenden Griechen hatten schon vor Alexanders Eroberung ihre Hochgötter mit ägyptischen gleichgesetzt. Die Götteridentitäten entsprangen praktischen Erfordernissen, denn ägyptische Götter konnten, im Heer als Standartengötter mitgeführt, auch von den ausländischen Söldnern akzeptiert werden. In ihren eigenen Gemeinschaften organisiert, konnten die Griechen gemeinsam mit den Ägyptern an den Götterfesten der Tempel auftreten und wirtschaftlich von ihnen profitieren. Sie konnten ohne weiteres die Orakelantworten der ägyptischen Hochgötter erhalten. Der hellenistische, aber auch bei manchen Römern populäre Dionysoskult mit dem Zug des Dionysos aus der Unterwelt wurde mit den Wiederauferstehungsvorgängen des ägyptischen Osiris verglichen. Statuen mit Bezug zum Dionysosgeschehen wurden etwa am berühmten und ältesten Serapeum des Landes bei Memphis zur Verdeutlichung neben die ägyptischen Statuen des Apisstieres und des jungen Horus-Pharao gestellt. Das Bild des Zeus Ammon mit Widderhorn auf den ptolemäischen Münzen oder die Isisdarstellungen mit ägyptischer Isiskrone konnten von beiden Volksgruppen verstanden werden. Den griechischen Isisfesten entsprachen die ägyptischen Vorgänge um die Isis-Mutter des Apis. Dort wo sich die Griechen für den Kult des Serapis versammelten, der eng mit dem Herrscherhaus verbunden war, konnten die Ägypter wenigstens eine Statue des Apisstiergottes aufstellen.

Kleopatra ließ sich auf ihren Münzen als Aphrodite (als thea neotera) und als Isis darstellen. Antonius war Dionysos. Diese von den konservativen Römern heftig attackierten, im hellenistischen Bereich üblichen Identifikationen sind im Kern ägyptisch und wurden sicher von ihren einheimischen Untertanen verstanden. Rein ägyptisch gelesen steht hinter den Gleichsetzungen der im Kult ablaufende Vorgang, d. h. das Werden des Horus-Pharao und der Königin zu Osiris, Hathor oder Isis. Das Werden zum Sonnengott, dem griechischen Zeus-Ammon-Helios, dürfte sich hinter den erschließbaren goldenen Statuen des Pharao Kleopatra verbergen. Die Göttergleichsetzungen waren ägyptisch zusammengehörige Teile eines sich wiederholenden großen Festablaufes, der für die Erneuerung des Landes notwendig war. Die von seinen Gegnern getadelte „Trunkenheit“ des Antonius ist, wie auch die Liebesbegegnung, ebenso ägyptisch im Kult verankert und erschien den Ägyptern kaum als anstößig.

Spätere Entwicklungen

Nach dem Tod der Kleopatra stellte sich für viele Getreue die bange Frage nach der Reaktion des Oktavian. Was würde mit dem Kult des Pharao Kleopatra geschehen? Oktavian handelte großzügig, aber mit eiskaltem politischen Kalkül. Kaisarion, Mitregent der Kleopatra und daher ägyptischer Pharao mit dem Anspruch göttlicher Herkunft und Erbschaft, durfte nicht überleben. Kleopatras Name wurde dagegen nicht aus den zu den heiligen Büchern gehörenden Herrscherannalen getilgt. Ihre kleine vergoldete Statue blieb eingereiht unter die ptolemäischen Ahnen und wurde mit in der Prozession des Tempels herumgetragen. Kleopatra und wohl auch ihre Tochter Kleopatra

Selene dienten nicht zuletzt dazu, die direkte Anknüpfung des neuen Pharao Caesar an die ptolemäische Dynastie nach den ägyptischen Riten herzustellen. Damit konnte die Legalität seiner persönlichen Herrschaft über Ägypten gegenüber der Priesterschaft und den Bewohnern Ägyptens demonstriert werden. Nach 18 Tagen interimistischer Herrschaft, wohl formal der Kinder Kleopatras, bestieg Caesar Oktavian am traditionellen Tag des Herrschaftsantrittes, am ägyptischen Neujahrsfesttag, den Pharaonenthron. 28/27 v. Chr. wurde von ihm ein neuer „Priester des Caesar" für den ägyptischen Herrscherkult eingesetzt. In bewußter Anlehnung an den Besuch und die Krönung des Alexander in Ägypten hat Caesar Oktavian das Grab Alexanders in Alexandria aufgesucht. Freilich setzte er mit Blick auf seine eigene antiägyptische Propagandakampagne und seine römischen Anhänger bewußt andere Akzente. Er weigerte sich, die Gräber der Ptolemäerherrscher aufzusuchen. Und in Auseinandersetzung mit der durch Alexanders Opfer vor dem Apisstiergott aufgeworfenen Frage, inwieweit die ägyptischen Tiergötter akzeptiert werden können, blieb er römisch-ablehnend. Sein persönlicher Abscheu vor den tiergestaltigen Göttern und heiligen Tieren der ägyptischen Feste und ihrer Prozessionen ist literarisch überliefert. Die traditionellen königlichen Subsidien für den Tod und die Vergöttlichung berühmter heiliger Einzeltiere wurden eingeschränkt, auch wenn weiterhin ägyptische Kultdenkmäler die kaiserliche Handlung vor dem Apis- oder Buchisstier melden. Neue Kultstellen mit Felderausstattung zum Unterhalt der tiergestaltigen Gottheiten bzw. ihrer Priester wurden im Gegensatz zum Beginn der Ptolemäerherrschaft kaum mehr eingerichtet. So fand auch die mit enormem Aufwand an Leinwand und Balsamierungsmaterialien durchgeführte Behandlung der Kadaver heiliger Vögel, der Falken, Ibisse, Geier usw. ihr allmähliches Ende.

Einflußreiche Griechen zahlten an Oktavian Gelder, um die Erlaubnis zu erhalten, weiterhin Statuen der Kleopatra aufstellen zu dürfen. Danach hat es, wohl nur in Alexandria, einen mit einer gut dotierten Priesterstelle ausgestatteten, hellenistisch-griechisch geprägten, dynastischen Kult der Statue der Kleopatra gegeben. Zu ihr gehörten sicher Opfer am Geburts- und Todestag. Manche aus den erhaltenen Statuenköpfen zu erschließenden, fast lebensgroßen Statuen der Kleopatra, aber auch ihrer mit Juba von Mauretanien verheirateten Tochter, sind indirekte Zeugen für das Weiterleben der hellenistischen Herrscheridee nach dem Tode der Kleopatra. Ägyptische Kultstatuen der Kleopatra werden noch an manchen Tempeln des Landes, an denen Stiftungen der Kleopatra zu ihren Lebzeiten eingerichtet worden waren, für einige Zeit existiert haben. Eine demotische Ritzinschrift auf der Insel Philae erwähnt noch 373 n. Chr. die Herstellung einer vergoldeten Holzstatue einer Kleopatra, d. h. wohl einer Kultstatue der berühmten Königin. Gelegentlich führen in der römischen Kaiserzeit Privatpersonen den Namen einer Kleopatra. Ob sich dahinter Kleopatra VII. verbirgt und

Edfu, Horus-Tempel: Die beiden Landesgöttinnen Nechbet und Uto krönen Ptolemaios VI. Philometor.

ob er auf einen noch existierenden Kult der Kleopatra hinweist, bleibt unsicher.

Für eine Erinnerung des ägyptischen Volkes an ihre berühmte Herrscherin können die letzten Zeugnisse nicht mehr mit Sicherheit in Anspruch genommen werden. Die Diskussion um die so skandalumwitterte Rolle der Frau und Königin war eine Angelegenheit der gebildeten römisch-griechischen Kreise in und außerhalb Ägyptens. Später wurde die Königin Zenobia von Palmyra, die in ihren wenigen Regierungsjahren von 267–272 n. Chr. Palmyra zu bislang unbekannter Größe führte, von den gebildeten alexandrinischen Kreisen als neue Kleopatra begrüßt. In der Chronik des koptischen Bischofs Johannes von Nikiu (7. Jh. n. Chr.) erscheint diese Frauengestalt als bedeutende Regentin, unter deren Herrschaft sich eine enorme Bautätigkeit entwickelte. Ihr wurde schließlich sogar die Errichtung des alexandrinischen Pharos zugeschrieben.

Erst über die Vermittlung der antiken Historiker und Biographen scheint Kleopatra zu der geheimnisvoll feministischen Frauengestalt aufgestiegen zu sein, die wir heute mit ihrem Namen verbinden.

Dieter Kessler

Das Rundbild im ptolemäischen Ägypten: ein Überblick

In den von griechischem Recht geprägten Städten war der einheimische Ägypter bereits zum Fremden geworden. Doch wie weit reichte der Einfluß der neuen Oberschicht wirklich? Welche Wirkung zeitigte die griechische Kultur, und wie stark beeinflußte sie das traditionelle ägyptische Kunstschaffen?

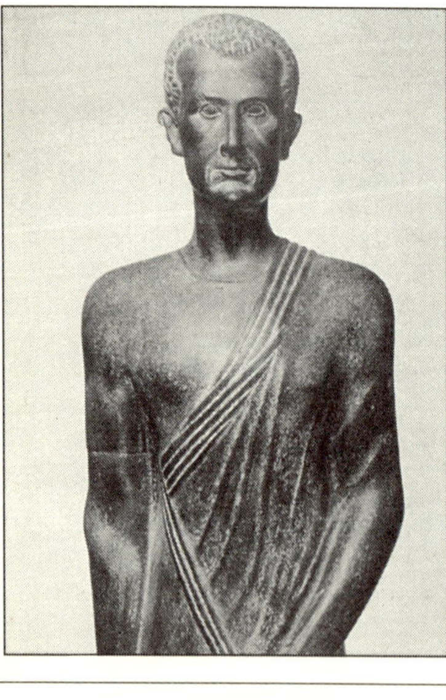

Mit der Standfigur des Hor (1. Jahrhundert v. Chr.) begann die intensive Diskussion zum Rundbild im griechisch-römischen Ägypten.

„Europäisch" oder „ägyptisch"?

Eine breit angelegte wissenschaftliche Auseinandersetzung mit der ägyptischen Kunst der ptolemäischen Epoche beginnt 1887 mit Gaston Masperos kritischer Stellungnahme zur Statue des Hor aus Alexandria. Haartracht, Physiognomie und besonders der Faltenwurf stellten für Maspero den fehlgeschlagenen Versuch eines einheimischen-ägyptischen Handwerkers dar, hellenistisch-griechische Formen zu rezipieren. Masperos Ausführungen waren so überzeugend, daß sie in der ägyptologischen Literatur bis heute als die charakteristischen Züge des sogenannten „Mischstils" der Ptolemäerkunst fortbestehen, definiert als ästhetisch unbefriedigender Versuch, hellenistische Formen in einen pharaonischen Rahmen einzupassen.

Ein Jahrzehnt nach Masperos Veröffentlichung hat F. von Bissing 1896 eine Gruppe nicht-idealisierender Köpfe einer Untersuchung unterzogen. Er bezeichnete jeden dieser Köpfe als Darstellung eines „geron", eines alten Mannes, und kam zwangsläufig zu dem Schluß, die ganze Gruppe sei von den Formprinzipien der klassischen Kunst beeinflußt. Auch sein englischer Kollege C. Edgar, der den ägyptischen Charakter der Körper, die zu den Köpfen gehören und von denen manche mit Hieroglyphen versehen sind, erkannte, blieb hinsichtlich der Köpfe bei der

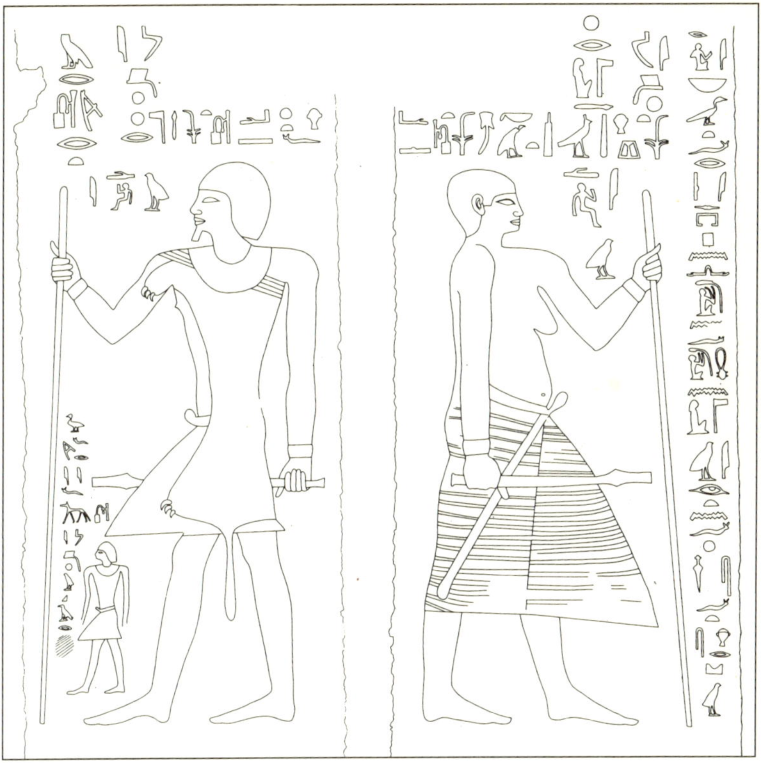

Giza, Grab des Idu, 6. Dynastie, um 2250 v. Chr.: Die Darstellungen des Grabherrn zeigen ihn in seiner jugendlichen (links) und seiner alten (rechts) Erscheinung.

etablierten Ansicht und bezeichnete sie als „europäisch" und somit als „nicht-ägyptisch". Als Ergebnis dieser anfänglichen Studien sah man in solchen nicht-idealisierenden Bildnissen „Porträts" im abendländischen Sinne. Da die ursprüngliche Interpretation nie genauer untersucht oder hinterfragt wurde, kam auch niemals der Gedanke auf, daß diese Bildnisse ägyptisch sein könnten.

Die hieroglyphische Grundstruktur

Der Irrtum liegt aber in der Annahme, daß diese nicht-idealisierenden Köpfe tatsächlich Porträts vorstellen, d. h., daß ihre Züge mit denen bestimmter Individuen übereinstimmten. Nach ägyptischem Verständnis von „Porträts" sind es aber nicht Menschen, porträtiert werden sollen, sondern ihre Altersstufen bzw. Lebensphasen. Dieses Prinzip ergibt sich aus dem, was zahlreiche Wissenschaftler als die hieroglyphische Grundstruktur der ägyptischen Kunst bezeichnet haben – die Kunst als Weiterentwicklung des hieroglyphischen Schriftsystems. Demnach sind die Grundregeln des Erscheinungsbildes von hieroglyphischen Zeichen gleichzeitig das Regelwerk für die bildende Kunst. Zeichen und Darstellung sind daher untereinander vernetzte Symbolstrukturen. Diese Ansicht schließt die Existenz von nicht-idealisierenden Bildnissen allerdings nicht aus, was sich mit einer Untersuchung des altägyptischen Weltverständnisses zeigen läßt.

Seit dem Alten Reich haben die Ägypter den Lauf der Zeit bildlich mit deren Auswirkungen auf die körperliche Erscheinung des Menschen ausgedrückt. Die Türpfosten der Mastabas des Alten Reiches zeigten infolgedessen den Grabherrn generell in zwei Altersstufen, einer eher jugendlichen, die man als idealisierend, und einer mehr fülligen und gesetzten, die man als nicht-idealisierend bezeichnen könnte. Diese Unterscheidung ist modern, denn für die alten Ägypter waren beide Bilder idealisierend. Jedes stellt eine Hieroglyphe dar, die ganz allgemein eher einen Lebensabschnitt als einen bestimmten Moment abbildet. Dieser symbolische Kontrast zwischen dem gespannten jugendlichen und dem korpulenten alten Körper, wie man ihn in den Mastabas des Alten Reiches vorfindet, wurde im ptolemäischen Heiligtum von Edfu wiederaufgenommen und dort für die Darstellung der Sonne beim Auf- und Untergang verwendet. In ganz ähnlicher Weise entwickelten die ägyptischen Künstler der Spätzeit mehrere Typen für die Darstellung reiferer Männer, was aber nur die spätere Fixierung derselben künstlerischen Idee bedeutet.

Der wichtigste klar definierte Typus ist die Gruppe der sog. „Eierköpfe“, so benannt, weil das Profil ihrer geschorenen Köpfe im Profil an Hühnereier erinnert. Wenn man die Stilelemente für die Wiedergabe von Altersmerkmalen auf die Vorderansicht dieser Köpfe anwendet, kann man die idealisierende Variante leicht in den nicht-idealisierenden Typ umwandeln.

Auch die idealisierenden Köpfe, die nicht unter die „Eierköpfe“ einzuordnen sind, können in Typen gegliedert werden, deren zwei eindeutig unterscheidbar sind. Der erste wurde im Verlauf der 30. Dynastie gebräuchlich und zeigt sich am besten in der berühmten Statue Dattari. Stil und physiognomische Details des Kopfes sind Varianten von Grundformen, wie sie sich auch bei anderen, zeitgleichen Köpfen feststellen lassen. Derartige Köpfe entsprechen dem Muster der „Eierköpfe“, aber jedes der Beispiele zeigt die volle Variationsbreite, die in jeder vorgegebenen Form steckt.
Es ist aus diesem Grunde falsch, die Unterschiede innerhalb eines Typs als Anzeichen weitreichender stilistischer Abweichungen anzusehen und diese Unterschiede regionalen Schulen zuzuordnen. Die zweite Gruppe der idealisierenden Köpfe wird von den Charakteristika eines ovalen Gesichtes mit Adlernase und dem kurzgeschnittenen Haar geprägt.

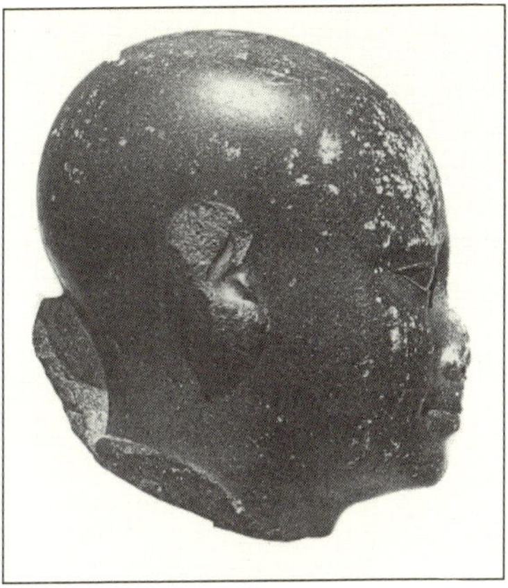

Ein sogenannter „Eierkopf" von einer Beamtenfigur, 3. Jahrhundert v. Chr.

Das unveränderte Vorhandensein eines manchmal mit Hieroglyphen versehenen Rückenpfeilers nimmt diese Köpfe aus dem hellenistischen Umfeld heraus und setzt sie voll und ganz in das einheimisch-ägyptische Milieu, zu dem Auftraggeber und Künstler dieser Werke gehörten. Diese Ägypter waren immer Angehörige der wohlhabenden Schicht, die als die wichtige Geistlichkeit des Landes nicht nur den größten Teil der Vermögenswerte kontrollierten, sondern auch die Traditionen der Ahnen lebendig erhielten. Es war ebendiese Priesterschicht, die die nicht-idealisierenden Bildnisse der ptolemäischen Zeit in Auftrag gab, Bildnisse, die keinerlei Parallelen in den Darstellungen der Ptolemäer selbst haben, weder im ägyptischen noch im hellenistischen Stil. In dieser Hinsicht stimmen diese Bildnisse mit einer bemerkenswerten Eigenart der ägyptischen Kunst der Spätzeit überein, daß nämlich die extremsten Beispiele nicht-idealisierender Bildnisse für gewöhnlich die von Privatleuten, nicht die von königlichen Personen, sind.

Darüber hinaus hat man zu allen Zeiten in der ägyptischen Kunst nicht-idealisierende Frauenbildnisse generell vermieden. Bei keinem einzigen Beispiel einer Frauendarstellung im pharaonischen Stil aus der Ptolemäerzeit läßt sich eine Altersgeprägtheit feststellen, nicht einmal bei Kleopatra VII. selbst.

Münzbilder: authentische Porträts der Ptolemäer?

Einen tieferen Einblick in das Wesen einheimischer Bildnisse aus der Ptolemäerzeit kann die Untersuchung königlicher Darstellungen in der Rundplastik gewähren. Diese lassen sich unschwer in hellenistische und pharaonische Statuen einteilen, und ersteren soll nun zunächst unsere Aufmerksamkeit gelten. Da sie in ihrem Stil dem abendländischen Geschmack eher entsprechen, hat ihnen die Wissenschaft mehr Aufmerksamkeit gewidmet als den zeitgleichen pharaonischen Bildnissen. Ausgangspunkt für die Identifizierung dieser Bildnisse ist die Herausarbeitung von Übereinstimmungen mit Münzen, die Porträts und Legenden bestimmter Herrscher tragen. Die allzu stark vereinfachende Anwendung solcher angeblichen numismatischen Ähnlichkeiten kann allerdings häufig zu unhaltbaren Ergebnissen führen. Das Thema derartig vereinfachend anzugehen, läßt die feinen Unterschiede zwischen einer zweidimensionalen numismatischen und einer rundplastischen Darstellung völlig außer acht. Zudem sind alle Bildnisse auf Münzen zeitgebunden; sie wurden zu einer bestimmten Zeit und an einem bestimmten Ort geprägt und können gerade deswegen präzise identifiziert und datiert werden. Trotzdem – oder gerade deshalb – können Bilder ein und desselben Königs bei zwei unterschiedlichen Prägungen auffallend unähnlich sein. Das trifft ganz sicherlich im Fall von Ptolemaios V. Epiphanes zu, dessen Beiruter Prägungen mit denen, die in Ägypten geprägt wurden, nicht sehr viel gemein haben.

Rundplastische Bildnisse dagegen sind nicht zeitgebunden. Jüngste Untersuchungen haben gezeigt, daß Bildnisse der Ptolemäer immer wieder neu bearbeitet und wiederverwendet wurden. All diese Beobachtungen muß man berücksichtigen, wenn man eine Skulptur mit einem Bild auf einer Münze vergleichen will. Am wichtigsten aber ist ein Kriterium, das das numismatische Bild endgültig vom Bereich der Skulptur trennt. Eine Münze hat, ungleich einer Statue, zwei verschiedene Seiten, auf die das Bild eines Herrschers und eine propagandistische Aussage geprägt werden können. Bei numismatischen Bildern von ptolemäischen Herrschern befindet sich diese Botschaft häufig auf der Rückseite, so daß die Darstellung des Herrschers, unter Zusatz von Symbolen, auf der wichtigeren Vorderseite steht. Diese Funktionsverteilung ist nur bei Münzen gegeben. Bei nicht-numismatischen Darstellungen derselben Herrscher mußten Bildnis und Bildaussage in ein und dieselbe künstlerische Gestaltung zusammengeführt werden. In derartigen Darstellungen war das physische Erscheinungsbild der Absicht untergeordnet, einer Idee Ausdruck zu verleihen. Daher kann man für gewöhnlich in diesen ptolemäischen Bildnissen deutliche Anklänge an eine Vielzahl von Göttern feststellen.

Porträts und Funktion

Seit dem vierten Jahrhundert v. Chr. verstanden es die griechischen Bildhauer, die verschiedenen Ansichten eines Kopfes in ein Bild zusammenzuführen. So sind in der Profilansicht einer typisch griechischen Arbeit aus dieser oder späterer Zeit die physiognomischen Details von der Vorderseite des Gesichtes zu den Ohren hin verschoben. Die Darstellungsweise nähert sich damit dem dreidimensionalen Bild, der Arbeit im blockhaften Stein, und ist damit völlig verschieden von der Arbeitsweise pharaonischer Bildhauer. Diese neigen dazu, das Volumen des Blockes unbeachtet zu lassen und die physiognomischen Merkmale auf die Frontalansicht zu verweisen.

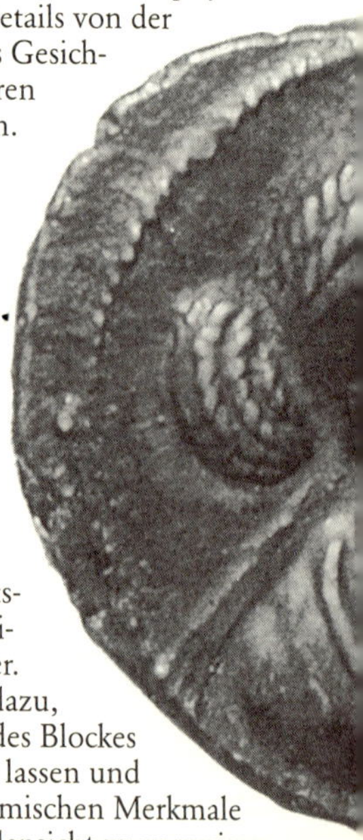

Man sieht das besonders deutlich in dem barocken Zusammenspiel der Gesichtsebenen bei nicht-idealisierenden „Eierköpfen" des dritten und zweiten Jahrhunderts v. Chr. Der Steinblock in seiner Gesamtheit wird von der Plastizität der Form nicht durchdrungen, und sie fehlt auch ganz deutlich in der Profilansicht. Es ist ebendieser Unterschied in der Auffassung vom Volumen der Rundplastik, der die Werke der griechisch-römischen Welt von den gleichzeitigen Arbeiten der pharaonisch-ägyptischen Werkstätten trennt. Somit ist eine Identifizierung, die sich ausschließlich auf einen Vergleich von pharaonischen Bildnissen der Ptolemäer mit ihren Münzen stützt, nicht selten in Frage zu stellen.

In pharaonischen Bildnissen der Ptolemäer ist ebenso wie in ihren hellenistischen Entsprechungen das Thema Porträthaftigkeit programmatischen Aussagen untergeordnet, wie sich aus den Vorschriften zur Errichtung königlicher Bildnisse in den trilinguen Dekreten deutlich ergibt.

Münze mit dem Bildnis der Kleopatra VII.

So finden sich auf dem Stein von Rosetta (2. Jahrhundert v. Chr.) Vorschriften für das Aufstellen eines Naos, eines Schreins, in den ein Bildnis von Ptolemaios V. Epiphanes gestellt werden sollte. Die Angaben, nach denen dieses Bildnis angefertigt werden sollte, beschränken sich auf die Insignien des Königsbildes und sagen nichts zur Bearbeitung des Gesichtes. Der kultische Aspekt dieses Bildnisses, der in symbolischen Attributen zum Ausdruck kam, war von übergeordneter Bedeutung. Entsprechendes kann man aus den Anweisungen zu Statuen schließen, wie sie auf der Mendesstele bzw. auf der Pithomstele belegt sind. Auch hier finden wir ausführliche Beschreibungen zur Form der Symbole und Attribute, die nötig waren, um den Statuen ihre besondere Bedeutung und Identität zu verleihen. Derartige Statuen waren in ägyptischen Tempeln weit verbreitet und wurden häufig bei Prozessionen herumgetragen, wobei es ihre Ausstattung und nicht die Gesichtszüge waren, woran die Menschenmenge sie erkennen konnte. Diese Statuen wurden zu Symbolen, beinahe schon zu Hieroglyphen, und zum sichtbaren Ausdruck ihrer unterschwellig religionspolitischen Aussage.

Somit haben bei den königlichen Statuen der Ptolemäerzeit, die ein gemeinsames Bemühen von Griechen und Ägyptern um eine stilistische Ausdrucksweise belegen, gewöhnlich die pharaonisch geprägten Statuen den Vorrang, sofern es um die visuelle Darstellung geht. Es gibt nie irgendwelche Anzeichen eines sogenannten Mischstils, denn die beiden Traditionen, die ja auch in anderen sozialen

Torso einer Priesterfigur mit dreiteiliger Tracht

und kulturellen Bereichen unvereinbar blieben, wurden von den Künstlern klar auseinandergehalten. Der Begriff Mischstil – geprägt, als man die ptolemäische Kunst nach klassischen Normen zu beurteilen versuchte – ist unbrauchbar und sollte aufgegeben werden, denn dieser Begriff ist für Statuen genauso irrelevant wie für Gesichter. Die Dialektik der pharaonischen Kunst, die diese nichtidealisierenden physiognomischen Typen hervorbrachte, setzte diese Köpfe auf prägnante Statuentypen wie die männliche Schreitfigur, die magische Statue, die schreitende Gewandfigur. Die Kombination von Gesichts- und Statuentyp war symbolhaft, und diese symbolhafte Darstellung, wie auch die streng vorgeschriebenen ikonographischen Elemente bei königlichen Statuen, beinhaltete eine Aussage über die gesellschaftliche, religiöse und politische Bedeutung des in Auftrag gegebenen Denkmals. Das Individuum blieb in diesem Prozeß Nebensache.

Die Idee vom Körper

Auch die Ikonographie der Männertracht wie auch die stilistischen Mittel, mit denen sie dargestellt ist, werden immer noch, basierend auf Masperos ursprünglicher These, griechischem Einfluß zugeschrieben. Das Gewand besteht für gewöhnlich aus drei verschiedenen Kleidungsstücken: einem kurzärmeligen Hemd, einem Wickelrock und einem mit Fransen besetzten Schal. Diese dreiteilige Tracht gibt es im ägyptischen Relief bei männlichen Privatpersonen bereits in der 30. Dynastie, und ab da taucht sie auch in der Rundplastik auf. In der folgenden ptolemäischen Zeit wird dieses Ensemble kennzeichnend für einen häufigen Statuentyp, denn es sind weit über 100 Beispiele dieser dreiteiligen Tracht bekannt. Diese reichen von der großformatigen Statue bis zu einem kleinen Figürchen aus glasartiger Fayence. Obwohl rundplastische Darstellungen des Königs in solch einem Gewand in dieser Zeit selten sind, werden in königlichen Reliefs ptolemäische oder römische Herrscher oft in diesem Gewand abgebildet.

Die Zurschaustellung der Körperformen unter den Gewandfalten der männlichen und weiblichen Trachten ließen Maspero und andere die Vermutung äußern, daß das Wechselspiel von Körper und Falten auf griechischen Einfluß zurückzuführen sei. Diese Behauptung läßt aber die grundlegend ägyptische Art und Weise außer acht, in der sich die Körperformen aus den Gewandfalten heraus entwickeln. Wenn man diese Statuen mit der Art vergleicht, in der man in früheren dynastischen Epochen Gewandfalten drapierte, erkennt man sogleich, daß Gewandfalten schon immer als eine regelmäßige Abfolge von Graten behandelt wurden, die sich unterhalb des Bauches besonders stark herausbilden. Dieser Übergang von linearen zu plastischen Falten in ein und demselben Gewand ist der stilistischen Tradition der griechischen Kunst zur Zeit der Parthenonskulpturen (5. Jh. v. Chr.) fremd und verrät somit die Hand des ägyptischen Bildhauers. Der Versuch, die Fülligkeit der männlichen Figuren in diesen Gewandstatuen griechischem Einfluß zuzuschreiben, geht von falschen Voraussetzungen aus und ignoriert ein Grundprinzip in der ägyptischen Kunst: Die stilisierte Wiedergabe männlicher Korpulenz war ein künstlerisches Mittel, weltliche Autorität und reifes Alter auszudrücken.

Ebenso ägyptisch ist die Behandlung des vollschlanken weiblichen Körpers, der sowohl in der dreiteiligen Tracht wie auch im enganliegenden Gewand dargestellt wird. Während viele Autoren darauf beharren, dieses Körperverständnis der ägyptischen Kunst als Ergebnis des hellenistisch-griechischen Einflusses zu verstehen, haben nur wenige diese Statuen in den Kontext der ägyptischen Kunst gesetzt. Die Zahl derer, die einen direkten Vergleich mit zeitgleichen griechischen Denkmälern versucht haben, um eine solche Auffassung zu untermauern, ist noch geringer. Für die Spätzeit läßt sich belegen, wie sehr der ägyptische Künstler an einer der altehrwürdigen Darstellungsweisen von Frauen festhielt: Die stehende Figur im enganliegenden Gewand stellt das linke Bein vor, die Arme liegen generell eng am Körper an, parallel zur Symmetrieachse, die Handflächen nun fest an die Oberschenkel gepreßt – so kennt man sie schon im Alten Reich (3. Jt. v. Chr.). Diese Darstellungsweise wird dann in der Spätzeit wiederaufgenommen.

Schon die Gegenüberstellung mit der knidischen Aphrodite des Praxiteles (4. Jahrhundert v. Chr.), die in mehreren römischen Repliken erhalten ist, ist recht aufschlußreich, denn sie beweist deutlich, wie sehr sich doch die ägyptische von der griechischen Tradition in der jeweiligen Auffassung des weiblichen Körpers unterscheidet. Jede der beiden Brüste in den ägyptischen Beispielen ist formal einzeln aufgefaßt und läßt die organische Einheit der Brüste der klassischen Statuen vermissen. Auch die kreisförmige Gestaltung des Bauches um den Nabel ist ohne Parallele in nichtägyptischem Kontext, wo die Betonung auf die Entwicklung des Kontrapostes gelegt wird. Zum selben Ergebnis kommt man, wenn man ägyptische Frauenstatuen mit Kopien der „Kauernden Aphrodite“ aus dem dritten Jahrhundert v. Chr., die dem Doidalsas zugeschrieben wird, vergleicht. Die Wirkung von Bewegung und Schwerkraft auf den weiblichen Körper wird hier in einer Weise erforscht, wie sie bei Variationen ägyptischer Formvorstellungen nie versucht worden ist.

Weitere formale Kennzeichen

Drei zusätzliche Merkmale – plastisch wiedergegebene Augen, Hell-Dunkel-Kontrast bei Statuen aus dunklem Gestein und offensichtlicher Verzicht auf eine abschließende Oberflächenbearbeitung bei vielen Statuen – kennzeichnen die Rundplastik der Ptolemäerzeit.

Die bei Statuen aus der ptolemäischen Zeit zu beobachtenden plastisch wiedergegebenen Augen, bei denen die Pupille als erhabene Scheibe gearbeitet ist und manchmal eine eingebohrte Iris aufweist, lassen sich mindestens bis zum Mittleren Reich zurückverfolgen, insbesondere nach Theben, wo sie vom Neuen Reich an wiederaufgenommen werden. Diese plastisch gearbeiteten Pupillen gehören also grundsätzlich zum Repertoire der rundplastischen Möglichkeiten eines ägyptischen Bildhauers.

Viele ägyptische Statuen der Spätzeit sind zwar aus dunklem Hartgestein gearbeitet, das Haar jedoch erscheint farblich etwas heller als der Körper – ein Ergebnis der unterschiedlichen Politur, mit der die jeweiligen Flächen abschließend versehen wurden. Diesen Hell-Dunkel-Kontrast kennen wir bereits in der 30. Dynastie, und er geht bruchlos in die Ptolemäerzeit über. Man wird annehmen dürfen, daß diese Wirkung beabsichtigt war und als Ersatz für Farbe dienen sollte, denn es scheinen sich bis heute bei keinem rundplastischen Beispiel in diesem dunklen Hartgestein Farbspuren erhalten haben. Zu allen Zeiten ist mit dem Hell-Dunkel-Kontrast die Tendenz des ägyptischen Bildhauers verbunden, an nur schwer zugänglichen Stellen der Skulpturen auf abschließende Feinarbeit zu verzichten. Dies wird im Verlauf der

Die Aphrodite von Knidos, das berühmteste Werk des griechischen Bildhauers Praxiteles (4. Jh. v. Chr.), ist durch zahlreiche römische Marmorkopien überliefert.

ptolemäischen Zeit immer deutlicher und kennzeichnet letztendlich ägyptische Werke aus der Römerzeit.
In gleicher Weise entwickeln sich die Hieroglyphen, die in die Rückenpfeiler der Statuen gemeißelt sind, von sorgfältig geschnittenen Zeichen mit Innenzeichnung, wie sie für die frühe Ptolemäerzeit charakteristisch sind, zu den nur flüchtig ausgeführten Zeichen des ersten Jahrhunderts v. Chr., die anscheinend in einer Art Schnellverfahren in die Oberfläche des Steines gekratzt wurden.

Das Ende der pharaonischen Tradition

Dieser kurze Überblick zur Situation der Rundplastik während der Ptolemäerzeit läßt deutlich werden, daß die einheimischen Künstler in ihrer ganzen Schaffenskraft der pharaonischen Tradition verbunden waren, ihre Werke nicht dem hellenistisch geprägten Zeitgeist entsprangen, also keinen ausländischen Einflüssen unterlagen. Wie in der ägyptischen Gesellschaft dieser Epoche haben auch in der Kunst die „Griechen und die Ägypter eher nebeneinander als miteinander gelebt“, und „ihre Kulturen haben koexistiert, ohne sich zu vermischen“.

Der Selbstmord Kleopatras VII. im August 30 v. Chr. und die darauf folgende Einverleibung Ägyptens in das Privatvermögen der römischen Kaiserfamilie durch Augustus hat zunächst die Fähigkeit der einheimischen Ägypter, Kunstwerke in traditionellem Stil und Werkverfahren zu produzieren, nicht wesentlich beeinträchtigt. In den einheimischen Werkstätten entstanden solche Werke auch weiterhin. Die Kreativität der ägyptischen Kunst beruhte jedoch traditionsgemäß auf dem Zusammenwirken von königlichem Patronat und Werkstätten, die für die privaten und religiösen Bereiche der Gesellschaft arbeiteten. Die Ptolemäer selbst fügten sich dem früheren Vorbild in dieser Hinsicht, die römischen Kaiser aber ließen in diesem Zusammenspiel ein Vakuum entstehen, denn sie residierten, obwohl dem Namen nach Pharaonen, nicht in Ägypten.

Robert S. Bianchi

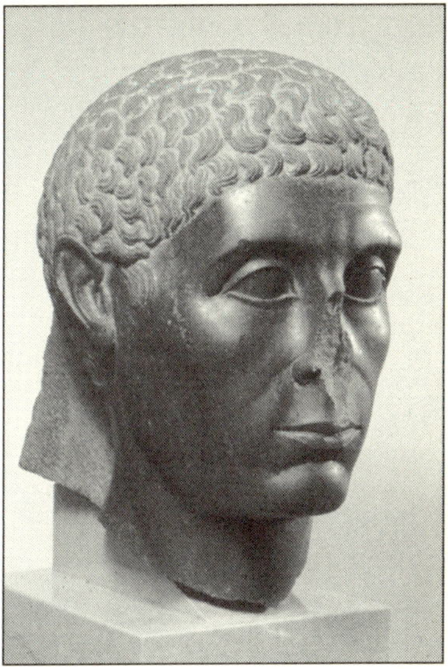

Der „Schwarze Kopf“ im Brooklyn Museum aus dem 1. Jahrhundert v. Chr. zeigt den so typischen Hell-Dunkel-Kontrast zwischen Gesicht und den stilisiert wiedergegebenen Haaren.

Ein Juwel ptolemäischer Baukunst: der Horus-Tempel von Edfu

Mit der Übernahme der Macht in Ägypten durch die Lagidendynastie unter Ptolemaios I. Soter setzte im ganzen Land eine intensive Bautätigkeit ein. So wurde nicht nur die Hauptstadt Alexandria mit zahlreichen Heiligtümern ausgestattet, sondern bis in den nubischen Raum hinein eine Fülle von Neubauten errichtet.

Auch im Namen von Kleopatra VII. sind Bau- bzw. Dekorationsarbeiten u. a. in Dendera, Kom Ombo, Armant, Koptos und Alexandria durchgeführt worden. Die meisten der unter ihrer Herrschaft errichteten Anlagen und Reliefbilder sind heute aber zerstört oder in so schlechtem Zustand, daß sie kaum noch einen ansprechenden Eindruck vermitteln können. Aus diesen Gründen soll nachstehend einer der bedeutendsten und heute am besten erhaltenen Tempel der Ptolemäerzeit genauer vorgestellt werden, der auch in der Antike in vielen Bereichen die Funktion eines Prototyps besaß.

Insgesamt hat das Bauvolumen der ptolemäischen Zeit das der letzten einheimischen Dynastien (26. – 30. Dynastie) um ein weites übertroffen. Alle diese Tempelanlagen künden von dem Bemühen der ptolemäischen Herrscher, sich als legitime Nachfolger der Pharaonen zu präsentieren und deren Dogma vom göttlichen Königtum weiterzuführen. Darüber hinaus

Edfu, Horus-Tempel. Blick in den Hof mit der Fassade des Pronaos im Hintergrund

bezeugen sie die ungebrochene Kraft der altägyptischen Religion und ihrer Geisteswelt, die sich in einem veränderten politischen Umfeld zu behaupten hatte.

Nicht zuletzt werden durch den umfangreichen Tempelbau auch die wirtschaftliche Situation sowie die logistischen Fähigkeiten im ptolemäischen Ägypten positiv beleuchtet.

Tradition und Innovation

Noch vor einiger Zeit herrschte selbst in der Ägyptologie die Meinung vor, daß trotz der gewaltigen Bauleistungen die Tempelanlagen der ptolemäischen Epoche nur als weitgehend unverstandene Nachschöpfung zu bewerten seien und ihre Inschriften und Darstellungen die Wände nur im Sinne von funktionslosen Kopien zierten. Man sprach damit letztlich der Priesterschaft des 3.–1. Jhs. v. Chr. die Fähigkeit ab, das kulturelle Erbe Ägyptens in adäquater Weise zu verstehen. Erst eine immer intensiver werdende Beschäftigung mit den Zeugnissen der Ptolemäerzeit, besonders aber mit dem Schriftgut der Heiligtümer, hat zu einer vollständigen Revision dieses Bildes geführt. Heute wissen wir, daß mit der Gestaltung dieser Tempel in ihrer Architektur und dem zugehörigen Dekorationsprogramm ein großartiger Entwurf vorliegt, der Tradition und Innovation verbindet. Gerade die Ausführlichkeit der Texte und Bilder bietet der Wissenschaft eine nahezu unerschöpfliche Quelle auch zum Verständnis von älteren Darstellungen, die zeitbedingt in ihren Beischriften wesentlich weniger mitteilsam sind.

Wohl kein zweiter Sakralbau der Ptolemäerzeit ist geeigneter, die Breite der ihn formenden geistigen Leistung zu demonstrieren als die Anlage des Horus-Tempels in Edfu. Begründet liegt dies in der nahezu vollständigen Erhaltung seiner Architektur, die ihn zum klassischen Beispiel für einen ägyptischen Göttertempel werden läßt. Nur die ursprüngliche Bemalung hat die Zeiten nicht überdauert und noch weniger die Verkleidung einiger Reliefs aus dünnem Goldblech.

Die Tempelbauten von Edfu

Die Geschichte von Edfu (ca. 130 km nördlich von Assuan gelegen) beginnt im Alten Reich. Schon damals galt der Ort als Hauptstadt des 2. oberägyptischen Gaus und wichtigster Kultplatz des falkengestaltigen Himmelsgottes Horus. Zweifellos gab es seit dieser Zeit einen Tempelbau für den Gott, archäologisch werden aber erst mit der 20. Dynastie des Neuen Reiches Reste nachweisbar, die sich auf einen kleinen Torbau Ramses III. (1184–1153 v. Chr.) beziehen. Beachtliche Erweiterungs- bzw. Umbauten müssen dann in der 25./26. Dynastie (8./7. Jh. v. Chr.) sowie unter den Königen der 30. Dynastie (um 350 v. Chr.) stattgefunden haben, bevor der ptolemäische Neubau errichtet wurde. Die lange Kulttradition in Edfu erlosch wohl zu Beginn des 5. nachchristlichen Jahrhunderts, nachdem der römische Kaiser Theodosius I. (379–395) das Christentum zur Staatsreligion erhoben hatte. Anschließend wurde der Tempel zwar wie nahezu alle übrigen Heiligtümer in Oberägypten zum Ziel koptischer

Bilderstürmer, seine Mauern blieben aber intakt. Die Islamisierung Ägyptens brachte für den Edfu-Tempel ein gnädiges Schicksal mit sich. Langsam aber stetig ansteigend verfüllte sich das Tempelhaus mit Sand und Geröll und diente den Einheimischen teilweise als Wohnraum. Zu Beginn des 19. Jahrhunderts breitete sich auf dem Dach des Heiligtums ein ganzes Dorf von über 60 Lehmhütten aus. Erst ab 1860 begann unter der Leitung des französischen Ägyptologen Auguste Mariette die Freilegung des Bauwerks, und die Erforschung dieses Juwels der ptolemäischen Baukunst konnte einsetzen.

Der Horus-Tempel

Über die einzelnen Bauabschnitte des Horus-Tempels unterrichtet ein ausführlicher Text, der sich als langes Inschriftband auf der Außenseite der steinernen Umfassungsmauer herumzieht. Danach beginnen die Arbeiten am 23. August 237 v. Chr. unter Ptolemaios III. Euergetes I. Eine Unterbrechung der Bauarbeiten von 206 – 186 v. Chr. bewirkten die kriegerischen Auseinandersetzungen von Ptolemaios IV. und V. mit den thebanischen Gegenkönigen Harwennefer und Anchwennefer. Später nach Fortsetzung der Arbeiten konnte der eigentliche Kernbau in Gegenwart von Ptolemaios VIII. Euergetes II. und dessen Gemahlin Kleopatra II. am 10. September 142 v. Chr. feierlich eingeweiht werden. Zwischen 140 und 124 v. Chr. entstand der Pronaos, die große Säulenhalle, und abschließend wurden der Säulenhof sowie der Eingangspylon 116 – 70 v. Chr. angefügt. Aber erst 57 v. Chr. konnte die Reliefdekoration unter Ptolemaios XII. NeosDionysos beendet werden, 12 Jahre nach Geburt der letzten Lagidin Kleopatra VII. Die Gesamtbauzeit von 180 Jahren unterstreicht nachdrücklich den hohen Stellenwert, den die ptolemäischen Herrscher gerade dem Edfu-Tempel beigemessen haben.

Gleich anderen Tempeln in Ägypten war auch das Hauptheiligtum in Edfu von zahlreichen Nebenanlagen umgeben. Allerdings kann auf ihre Existenz weitgehend nur durch inschriftliche Vermerke geschlossen werden, da diese Gebäude heute vom modernen Ort überlagert werden. Zu ihnen gehörten in östlicher Richtung (d. h. zum Nil hin) die Wirtschaftseinrichtungen mit Stallungen, Vorratsspeichern und Küchen, weiterhin Priesterwohnungen und Verwaltungsbauten sowie der heilige See und ein Hain für den göttlichen Falken. Westlich vom Horus-Tempel liegen dagegen die Überreste der antiken Stadt und einige Gräberfelder. Hier sind ebenfalls Teilstücke der äußeren Ziegelumfassungsmauer erhalten, die traditionell das ganze Tempelareal umgab. In dessen Südwestecke erhebt sich das Mammisi (das „Geburtshaus“, in dem die Geburt des Götterkindes gefeiert wurde); dem gegenüber, und somit ebenfalls im Vorfeld des Hauptheiligtums angelegt, stand ursprünglich der Bau des Falken-Tempels, der jetzt nahezu vollständig zerstört ist.

Gewaltige Ausmaße kennzeichnen dieses größte ptolemäische Bauwerk in Oberägypten. Seine Gesamtlänge beträgt gute 137 m, die Höhe

des Pylons erreicht knapp 36 m.
Vor beiden Eingangstürmen standen einst jeweils zwei mächtige Flaggenmasten aus Koniferenholz sowie zwei Obelisken aus Hartgestein. Im Gegensatz zu den Heiligtümern des Neuen Reiches (um 1550 – 1085 v. Chr.) scheinen aber keine königlichen Kolossalstatuen vor der Pylonfront aufgestellt gewesen zu sein. Im Innern der Tortürme sind Treppenhäuser und Räumlichkeiten angelegt, die durch schmale Lichtschlitze in den Fassaden ihre Beleuchtung erfuhren. Besonders eindrucksvoll müssen auch die riesigen Türflügel aus Zedernholz gewirkt haben, die eine Höhe von 14 m aufwiesen. Wegen ihrer reichen Bronzebeschläge sowie den Einlagen aus Edelmetall und wertvollen Steinen gehörten sie zu den ersten Opfern der spätantiken Tempelstürmer.

Hinter dem Pylon öffnet sich der große Hof, der von einer einfachen Säulenstellung umzogen wird. Die meisten der insgesamt 32 Säulen besitzen stark verzierte Kompositkapitelle, die charakteristisch für die Baukunst der griechisch-römischen Epoche in Ägypten sind. Die rückwärtige Hofseite wird von der breiten Fassade des Pronaos (der Vorhalle) eingenommen, wobei deren sechs Säulen durch hohe Schranken miteinander verbunden sind. Dadurch ist das hintere Tempelhaus schon rein formal vom Gebiet des Hofes getrennt und vor dem Einblick Unbefugter abgeschirmt. Im Innern des Pronaos stützen 12 Säulen eine Decke, die gute 15 m über dem Boden liegt und astronomische Darstellungen aufweist. Besonderes Interesse verdienen zwei kleine Kapellen, das sogenannte „Morgenhaus“ und

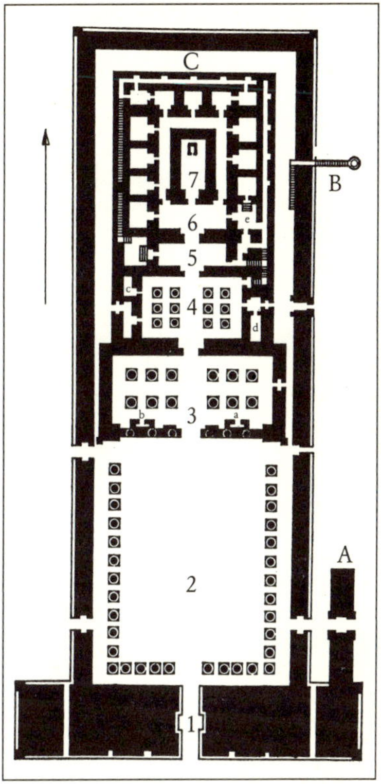

Der Horus-Tempel von Edfu

1 Großer Pylon	A Pylon Ramses' III.
2 Hofanlage	B Brunnenanlage
3 Pronaos	C Innerer Umgang
4 2. Säulenhalle	a Bibliothek
5 Opfertischsaal	b „Morgenhaus“
6 Saal der Götterneunheit	c „Laboratorium“
	d Schatzkammer
7 Hauptsanktuar	e Neujahrskapelle

die Bibliothek. Beide Räume sind in achsensymmetrischer Lage an der jeweils mittleren Säulenschranke angebaut. Ihre Größe beträgt nur zwei Quadratmeter. Während im „Morgenhaus" die Texte die Reinigung des Königspriesters beim Festritual zum Inhalt haben, wurden im „Haus der Buchrolle" in einer Art Spezialbibliothek diejenigen Papyrusrollen in Kästen und Wandnischen verwahrt, die über die Durchführung des täglichen Kultes und verschiedener Feste unterrichteten. Daneben gab es Bücher mit Rezepten zur Salbenherstellung, Sammlungen von magischen Sprüchen und astronomischen Beobachtungen. Die dem Pronaos nachfolgende zweite Säulenhalle weist an ihren Längsseiten zwei weitere Raumeinheiten auf. Östlich liegt das „Laboratorium" zur Herstellung von Weihrauch und Salböl; schräg gegenüber ist die Schatzkammer des Heiligtums untergebracht. Nach den Inschriften wurden hier die kostbaren Rohmaterialien eingelagert, die zur Herstellung von Figuren und Amuletten dienten. Über die breiten Räume des Opfertischsaales und des Saales der Götterneunheit gelangt man vor das Hauptsanktuar. In ihm steht heute noch der aus einem Vorgängerbau der 30. Dynastie (Zeit Nektanebos' II.) übernommene Naos (Schrein) aus dunklem Granit. Er enthielt das heilige Kultbild des Horus, das bei den großen Prozessionen mitgeführt wurde. Zusätzlich befanden sich im Sanktuar die beiden Sockel für die Kultbarken des Gottes und seiner Gemahlin, der Göttin Hathor von Dendera. Das Barkensanktuar wird von einem Kapellenkranz umgeben, dessen Einzelkammern dem Kult weiterer Gottheiten dienten. Von ihnen spielt die mittlere Kapelle, programmatisch auf der Tempelachse plaziert, eine überragende Rolle. Denn hier wurde in einem Holzschrein das eigentliche Kultbild in Gestalt eines hockenden Falken verwahrt, das aus Gold gefertigt war und eine Größe von gut 0,50 m besessen haben dürfte.

Eine Tür in der Ostwand des Saals der Neunheit führt in eine andere bedeutende Baueinheit, die aus einem kleinen Hof und einem erhöht gelegenen Raum besteht. Hier lag der Ort für die ausgedehnten Zeremonien anläßlich des Neujahrsfestes, die an dieser Stelle mit der Krönung des göttlichen Kultbildes und der Weihung eines großen Opfers begannen. Anschließend zog eine Prozession mit den Götterbildern und weiterem Kultgerät durch das Treppenhaus auf das Dach des Heiligtums. Dort wurden als zentrales Geschehen die Kultbilder den Sonnenstrahlen ausgesetzt, um sie magisch mit neuer Lebenskraft zu erfüllen, bevor man sie über das westliche Treppenhaus in das Tempelinnere zurückbrachte.

Aber nicht nur reale Handlungen werden in Wort und Bild geschildert, sondern auch mythische Überlieferungen. Unter ihnen sind die Szenen zum Triumph des Horus über den Götterfeind Seth und zu dem auf Edfu bezogenen Schöpfungsmythos hervorzuheben. Beide Darstellungsfolgen wurden im Tempelumgang angebracht, den man über eine enge Passage zu Seiten des Pronaos erreicht.

Neben dem täglich dreimal durchgeführten Dienst der Priesterschaft vor den Kultbildern und anderen zeitlich festgelegten Ritualen bestimmten zahlreiche Feste das liturgische Jahr in Edfu. Zusätzlich zum großen Neujahrsfest und den im Mammisi abgehaltenen Feierlichkeiten zur Geburt des Götterkindes sind in diesem Zusammenhang das große „Fest von Edfu“ und das „Krönungsfest des Falken“ aufzuführen. Im Mittelpunkt des einen stand der Besuch der Göttin Hathor bei ihrem Gemahl in Edfu, um die heilige Hochzeit der beiden Gottheiten zu feiern. Allein vier Tage dauerte die Flußprozession mit dem Kultbild der Hathor von Dendera nilaufwärts nach Edfu, wobei eine Strecke von rund 180 km zu bewältigen war. In Edfu angekommen erstreckte sich das Festgeschehen unter lebhafter Anteilnahme der Bevölkerung über zwei Wochen, bevor die Rückkehr nach Dendera anstand.

Das ebenfalls jährlich durchgeführte „Krönungsfest“ sah die Auswahl und Inthronisierung des lebenden Falken von Edfu vor, des heiligen Tieres, das man als Inkarnation des Gottes Horus betrachtete. Nachdem der Gott selbst, d. h. in Gestalt eines Kultbildes, unter verschiedenen Tieren der Falkenzucht des Tempels seine Wahl getroffen hatte, präsentierte man über dem Eingangstor des Pylons diesen Falken der Volksmenge. Anschließend erfolgten die Riten im Tempel mit der eigentlichen Krönung, nach deren Beendigung der Falke von den beteiligten Priestern in seine Wohnstätte, den Falken-Tempel, geleitet wurde.

Der Tempel von Edfu war in seiner Gesamtheit aber nicht nur der architektonische Rahmen für die Notwendigkeiten des Götterkultes mit seinen Ritualen und Festabläufen, sondern weit darüber hinaus das Abbild des Kosmos, Stein gewordene Manifestation der Weltordnung. Diese geistige Konzeption wurde durch die materielle Dimension des Kultes abgesichert und bedurfte nach außen des Schutzes, den die mächtigen Umfassungsmauern und der Pylonbau konkretisieren, um alle feindlichen und chaotischen Mächte fernzuhalten. In einem fein vernetzten System, dessen komplexen Strukturen hier nicht nachgegangen werden kann, verliehen Darstellungen und Texte im Zusammenspiel mit der Architektur dieser überhöhten Wirklichkeit Ausdruck. Mythos und Realität verschmolzen zu einer Weltschau, die als unabdingbare Grundlage für die politische und wirtschaftliche Wohlfahrt des Staates angesehen wurde.

Gegen Ende der altägyptischen Kultur bietet somit der Horustempel einen überzeugenden Nachweis für die noch ungebrochene Leistungskraft seiner Priesterschaft, der das geistige Erbe von Jahrtausenden zur Verfügung stand. Die Hingabe an ihren Gott mag zum Abschluß ein Zitat belegen:

„Reicher ist ein Augenblick in seinem Dienst (des Gottes) als ein ganzes Leben als Landherr; reicher ein mit der Darbietung deiner Gaben verbrachter Tag als alle Schätze des Landes; wer von deinem Brot lebt, wer von deinem Wasser erfrischt wird, erreicht das friedliche Greisenalter; keine Sorgen hat, wer dir getreulich dient; und wer dich anbetet, wird niemals sterben.“

Regine Schulz

Zeittafel

332 Alexander d. Große erobert Ägypten und gründet Alexandria

323 Alexander der Große stirbt nach seiner Rückkehr aus Indien in Babylon an Malaria

332-306 Ptolemaios, Sohn des Lagos, herrscht während der Zeit der Scheinkönige Philipp III. Arrhidaios und Alexander IV. als Diadoche über Ägypten

306-282 Ptolemaios nimmt den Königstitel an und gebietet nach seiner Krönung (304) zum Pharao als Ptolemaios I. Soter I. über Ägypten

285/282-246 Ptolemaios II. Philadelphos

279 Baubeginn am Leuchtturm von Alexandria

275 Ptolemaios II. Philadelphos heiratet seine Schwester Arsinoe II.

270 Tod der Arsinoe II.

246-222 Ptolemaios III. Euergetes I., Sohn des Ptolemaios II. Philadelphos aus erster Ehe mit Arsinoe I., der Tochter des Königs von Thrakien, kehrt aus der Verbannung zurück und übernimmt die Regentschaft. Das Ptolemäerreich erreicht den Höhepunkt seiner Macht

222-204 Ptolemaios IV. Philopator kann die Besitzungen seines Vaters nicht halten und setzt

217 erstmals einheimisch-ägyptische Truppen im Kampf gegen Antiochos III., den Herrscher des Seleukidenreichs ein. Obwohl den Ägyptern politische Rechte eingeräumt werden, kommt es

206 zum ersten Abfall Oberägyptens

204-180 Ptolemaios V. Epiphanes übernimmt noch minderjährig die Herrschaft seines Vaters. Die immensen außen- und innenpolitischen Schwierigkeiten zwingen zum ersten Hilfsgesuch an Rom; Friedensvertrag mit Antiochos III. und Heirat mit dessen Tochter Kleopatra I.

194-186 erneuter Aufstand in Oberägypten

180-164 Ptolemaios VI. Philometor herrscht zunächst an der Seite seiner Mutter Kleopatra I., dann von

170-164 gemeinsam mit seinem jüngeren Bruder Ptolemaios VIII. Euergetes II., der ihn

164/163 vorübergehend aus Alexandria vertreiben kann, dann aber wird er auf römischen Druck hin wiedereingesetzt und regiert von

163-145 als Alleinherrscher über Ägypten

145 Ptolemaios VII. Neos Philopator wird von seinem Vater zum Mitregenten ernannt, kurze Zeit nach dessen Tod aber im Auftrag seines Onkels ermordet

145-116 Ptolemaios VIII. Euergetes II. wird als Herrscher über Ägypten anerkannt und heiratet zunächst seine Schwester Kleopatra II., die Witwe seines verstorbenen Bruders Philometor, dann noch seine Nichte Kleopatra III.

131-124 kommt es zu langanhaltenden innerfamiliären Kämpfen zwischen Kleopatra II. und ihrem Brudergemahl sowie dessen zweiter Frau Kleopatra III., die nach dem Tode Euergetes II. von Alexandrinern gezwungen wird, von

116-107 die Herrschaft ihres Sohnes Ptolemaios IX. Soter II. zu tolerieren

107-88 nach der Vertreibung seines Bruders Soter II. übernimmt der Lieblingssohn der Kleopatra III., Ptolemaios X. Alexander I., die Macht in Ägypten

88-80 Rückkehr und Herrschaft des Ptolemaios IX. Soter II. nach der Vertreibung seines Bruders durch die Alexandriner

80 herrscht Ptolemaios XI. Alexander II. für 19 Tage als Mitregent an der Seite seiner Stiefmutter Berenike III., wird aber nach dem Mord an ihr von den Alexandrinern getötet

80 wählen die Alexandriner Ptolemaios XII. Neos Dionysos zum Herrscher über Ägypten

69/68 Geburt Kleopatras VII.

68-59 Geburt Arsinoes IV., Ptolemaios' XIII. und Ptolemaios' XIV.

59 Ptolemaios XII. wird nach langen Jahren der Rechtsunsicherheit als Freund und Verbündeter Roms anerkannt

57-55 Ptolemaios XII. wird aus Alexandria vertrieben, seine Töchter Kleopatra VI. und Berenike IV. übernehmen die Herrschaft

55-51 Ptolemaios XII. Neos Dionysos wird von den Römern nach Ägypten zurückgeführt und läßt nach der Machtübernahme seine Tochter Berenike IV. töten. In einem Testament fordert er die gemeinsame Thronfolge von Ptolemaios XIII. und Kleopatra VII.

51-30 herrscht Kleopatra VII. über Ägypten, davon in den Jahren

51-47 gemeinsam mit Ptolemaios XIII.

49 Krieg zwischen Cäsar und Pompeius

48 Kleopatra wird aus Ägypten vertrieben und gelangt in der berühmten „Teppichrolle" zu Julius Cäsar

47 Geburt des Kaisarion

47-44 regiert Kleopatra VII. gemeinsam mit ihrem jüngeren Bruder Ptolemaios XIV., den sie schließlich beseitigen läßt

46-44 hält sich Kleopatra in Rom auf

44 Mord an Caesar, Rückkehr der Kleopatra. Kaisarion wird Mitregent

43 Kleopatra unterstützt Dolabella in Syrien. Niederlage Dolabellas

42 besiegt die von Antonius geführte Armee des Triumvirats das Heer der „Republikaner" in

Philippi (Makedonien). Cassius und Brutus nehmen sich das Leben

41 Treffen von Kleopatra und Antonius in Tarsos

40 Hochzeit des Antonius und der Octavia, Kleopatra gebiert Alexander Helios und Kleopatra Selene

39 Vertrag von Misenum, Antonius und Octavia in Athen

37 Vertrag von Tarentum zwischen Antonius und Oktavian und Verlängerung des Triumvirats. Antonius und Kleopatra treffen und vermählen sich in Antiochia. Zur Sicherung ihrer Einkünfte übergibt Antonius Kleopatra das Chalkis-Reich (Syrien), die syrische Küste, Zypern und einige Gebiete in Kilikien, Kreta und Judäa

36 Geburt Ptolemaios Philadelphos, Sohn Kleopatras und des Antonius. Antonius muß bei seinem Feldzug gegen die Parther schwere Niederlagen hinnehmen

35–33 Feldzüge des Oktavian in Dalmatien, Illyricum und Pannonien

34 Annexion von Armenien und Gefangennahme des König durch Antonius, der seinen Triumph in Alexandria feiert und die eroberten Territorien auf die Mitglieder der Familie verteilt

33–32 Aufenthalt des Antonius und der Kleopatra in Ephesos

32 spitzt sich die Situation für Kleopatra zu: Zwar kommt es zur Scheidung des Antonius und Octavia, doch gibt Oktavian das Testament des Antonius bekannt und erklärt Kleopatra den Krieg

32–31 Aufenthalt des Antonius und der Kleopatra in Patrae

31 **2. Sept.:** Schlacht von Actium, Antonius und Kleopatra gelingt zwar die Flucht nach Ägypten, doch wird

30 Ägypten durch Oktavian erobert. Antonius und Kleopatra begehen Selbstmord, Kaisarion und Antyllus, der Sohn des Antonius, werden hingerichtet. Ägypten wird römische Provinz

Glossar

Chlamys: Der kurze, knielange Mantel der griechischen Antike.

Diadoche: Bezeichnung für die Nachfolger Alexander des Großen.

Dioketes: Chef der Finanzverwaltung.

Glyptik: Steinschneidekunst, Sammelbegriff für jede Art von Bildhauerei.

Gymnasiarch: Vorstand des Gymnasions.

Lapislazuli: Auch Lasurit; ein Mineral aus der Gruppe der Silikate, das wegen seiner tiefblauen Farbe als Schmuckstein Verwendung fand.

Malachit: Ein kräftig grün gefärbtes Kupfermineral, das auch heute noch als Schmuckstein Verwendung findet.

Nomarchen: Bezeichnung für die leitenden Beamten ägyptischer Provinzbezirke in ptolemäisch/römischer Zeit.

Obsidian: Vulkangestein dunkler Farbe mit glasartiger Struktur. Da Obsidian muschelig bricht, wurde es bereits in urgeschichtlicher Zeit als Rohstoff für Werkzeuge genutzt.

Seleukiden: Auf Seleukos I. Nikator zurückgehendes makedonisches Herrschergeschlecht in Syrien.

Strategen: Heer- bzw. Flottenführer; in Ägypten zunächst der Militärbefehlshaber eines Gaues, später auch Oberhaupt der gesamten Verwaltung.

Tiara: Eine kegelstumpfförmige Kopfbedeckung aus Filz.

Toparch: In hellenistischer Zeit der Vorsteher eines Gauverwaltungskreises.

Kleine Auswahl der weiterführenden Literatur

Ägyptomanie – Ägypten in der europäischen Kunst 1730–1930, Sonderausstellung Wien, Wien 1995.

R. S. Bagnall: Egypt in Late Antiquity, Princeton 1993.

I. Becher: Das Bild der Kleopatra in der griechischen und lateinischen Literatur, Berlin 1966.

E. Brunelle: Die Bildnisse der Ptolemäerinnen, Frankfurt 1976.

A. K. Bowman: Egypt after the Pharaohs. 332 BC – AD 642. From Alexander to the Arab Conquest, London 1986.

P. A. Clayton: Das wiederentdeckte alte Ägypten, Bindlach 1987.

W. M. Ellis: Ptolemy of Egypt, London 1994.

M. Grant: Kleopatra, Bergisch Gladbach 1988.

G. Grimm: Kunst der Ptolemäer- und Römerzeit im Ägyptischen Museum Kairo, Mainz 1975.

M. Hamer: Signs of Cleopatra. History, politics, representation, London 1993.

N. Hinske (Hrsg.): Alexandria, Kulturbegegnung dreier Jahrtausende im Schmelztigel einer mediterranen Großstadt, Mainz 1981.

G. Hölbl: Geschichte des Ptolemäerreiches. Politik, Ideologie und religiöse Kultur von Alexander dem Großen bis zur römischen Eroberung, Darmstadt 1994.

Kleopatra – Ägypten um die Zeitenwende: Sonderausstellung München 1989, Mainz 1989.

H. Kyrielies: Bildnisse der Ptolemäer, Berlin 1975.

L. M. Rickett: The Administration of Ptolemaic Egypt under Cleopatra VII, Minneapolis 1980.

J. Samson: Nefertiti und Cleopatra. Queen-Monarchs of Ancient Egypt, London 1985.

D. J. Thompson: Memphis under the Ptolemies, Princeton 1988.

H. Volkmann: Kleopatra, München 1953.

J. Whitehorne: Cleopatras, London / New York 1994.

Antike Quellentexte

Hinweise auf deutschsprachige Übersetzungen der hier angegebenen Quellen gibt das „Tusculum-Lexikon griechischer und lateinischer Autoren des Altertums und des Mittelalters", München / Zürich (3. Auflage) 1982.

Appian: Bürgerkriege, II - V.

Augustus: Meine Taten.

Cäsar: Bürgerkrieg, I - III.

Cicero: Briefe; Philippi.

Cassius Dio: Römische Geschichte.

Florus: Epitome II.

Flavius Josephus: Jüdisches Altertum, XIV - XV; Jüdischer Krieg, I.

A. Gellius: Noctes Atticae.

Horaz: Oden; Epoden.

Lucan: Bürgerkrieg.

Plinius d. Ältere: Naturgeschichte, IX.

Plutarch: Biographien (Antonius, Brutus, Cicero, Caesar).

Properz: Elegie.

Strabon: Geographie, XVII.

Sueton: Das Leben der zwölf Caesaren.

Velleius Paterculus: Historia romana.

Vergil: Aeneis.

Verwendete Literatur

Regine Schulz: Ägypten und die Ptolemäer. © bei der Autorin.

Dieter Kessler: Der Kult zur Zeit der Kleopatra. © beim Autor.

Robert S. Bianchi: Das Rundbild im ptolemäischen Ägypten: ein Überblick. © beim Autor. Veränderter und gekürzter Beitrag aus dem Katalog: Kleopatra - Ägypten um die Zeitenwende, Mainz 1989.

Regine Schulz: Ein Juwel ptolemäischer Baukunst: der Horus-Tempel von Edfu. © bei der Autorin.

Bildnachweis

Umschlag
Vorderseite: Bemalte Holzfigur der Göttin Isis. Hildesheim, Pelizaeus-Museum.
Rückseite: Der Tod der Kleopatra. Gemälde von L.-M. Baader. Rennes, Musée des Beaux-Arts. Photo: Roger-Viollet, Paris.
Buchrücken: Kleopatra testet Gifte an verurteilten Gefangenen. Ausschnitt eines Gemäldes von Alexandre Cabanel, 19. Jh. Béziers, Musée des Beaux-Arts.

Bildvorspann
1 Der Selbstmord der Kleopatra. Ausschnitt aus einem Gemälde des 19. Jhs. von Reginald Arthur. London, Roy Miles Fine Paintings. Photo: Bridgeman / Giraudon, Paris.
2/3 Die sterbende Kleopatra. Ausschnitte aus Gemälden des 17. Jhs. von Giovanni Francesco Barbieri, genannt Guerchino. Genf, Palazzo Rosso. Photos: Scala, Florenz.
4 Der Tod der Kleopatra. Ausschnitt aus einem Gemälde von Antonio Bellucci, um 1700. Clermont-Ferrand, Musées Municipaux. Photo: Giraudon, Paris.
5 Der Tod der Kleopatra. Ausschnitt aus einem Gemälde des 18. Jhs. von Louis Jean-Francois Lagrenée. Paris, Musée du Louvre. Photo: Réunion des Musées nationaux, Paris.
6 Kleopatra gibt sich den Tod. Ausschnitt aus einem Gemälde des 17. Jhs. von Claude Vignon. Rennes, Musée des Beaux-Arts. Photo: Giraudon, Paris.
7 Kleopatra. Ausschnitt aus einem Gemälde des 17. Jhs. von Guido Reni. Florenz, Palatina. Photo: Alinari / Giraudon, Paris.
8 Der Selbstmord der Kleopatra. Ausschnitt aus einem Gemälde von Reginald Arthur, 1892. London, Roy Miles Fine Paintings. Photo: Bridgeman / Giraudon, Paris.
9 Der Selbstmord der Kleopatra. Ausschnitt aus einem Gemälde von Guido Cagnacci, um 1659/63. Wien, Kunsthistorisches Museum. Photo: Artephot / Nimatallah, Paris.
11 Kleopatra. Zeichnung nach einem Werk Raffaels von Giulio Clovio. Paris, Musée du Louvre, Cabinet des Dessins. Photo: Réunion des Musées nationaux, Paris.

Erstes Kapitel
12 Der Leuchtturm von Alexandria. Rekonstruktion von Joseph Emanuel Fischer von Erlach, um 1700. Photo: Archiv für Kunst und Geschichte, Berlin.
13 Einlage mit Udjat-Auge (Schutzsymbol), Glas, 1. Jh. n. Chr. Alexandria, Griechisch-Römisches Museum. Photo: Editions Sarapis, Alexandria.
14 (oben) Tetradrachme mit Bildnis Ptolemäus' I. Paris, Bibliothèque nationale.

14 (unten) Büste einer ptolemäischen Königin (Kleopatra III. ?), Marmor, Höhe 37 cm, um 150 v. Chr. Paris, Musée du Louvre. Photo: Réunion des Musées nationaux, Paris.
15 (oben) Münze mit Darstellung des Gottes Serapis im Serapeion, 15. Jahr des Trajan, Bronze, aus Alexandria, hier seitenverkehrte Wiedergabe. Paris, Bibliothèque nationale.
15 (Mitte) Stadtplan des antiken Alexandria. Zeichnung von J. A. Duruy. Photo: Gallimard, Paris.
16 (oben) Der thronende Serapis neben Isis-Kore und Kerberos. Detail eines Marmorreliefs aus dem 2. Jh. v. Chr. aus Alexandria. Rom, Kapitolinische Museen. Photo: Dagli Orti, Paris.
16 (unten) Modell des Leuchtturms von Alexandria. Alexandria, Meeresbiologisches Institut. Photo (hier seitenverkehrte Wiedergabe): Editions Sarapis, Alexandria.
17 Hellenistische Terrakottafiguren aus Alexandria, 3. Jh. v. Chr. Alexandria, Griechisch-Römisches Museum.
18 Terrakottalampe in Form eines Hauses, aus Alexandria, 1. Jh. v. - 1. Jh. n. Chr. Alexandria, Griechisch-Römisches Museum.
18 - 19 Der Nil bei Hochwasser. Ausschnitt aus dem Nilmosaik im Fortuna-Heiligtum von Praeneste bei Rom. Palestrina, Archäologisches Nationalmuseum. Photo: Scala, Florenz.
20 (links) Figur eines schreitenden Mannes, Holz, 30. Dynastie, um 360 v. Chr. Paris, Musée du Louvre. Photo: Réunion des Musées nationaux, Paris.
20 (rechts) Der Papyrus Chester Beatty I, um 1145 v. Chr. Photo: Gallimard, Paris.
21 Rekonstruktion der Bibliothek von Alexandria. Nach einem ungarischen Stich von 1880. Photo: J.-L. Charmet, Paris.
22 Henkelgefäß mit einer in Einlegetechnik gearbeiteten Opferszene vor dem Apisstier aus Obsidian, frühes 1. Jh. v. Chr. Neapel, Archäologisches Nationalmuseum. Photo: Artephot / Nimatallah, Paris.
23 (oben) Darstellung einer Sakkijeh. Ausschnitt von einer Grabmalerei aus el-Wardian, 1. Jh. v. - 1. Jh. n. Chr. Alexandria, Griechisch-Römisches Museum. Photo: Editions Sarapis, Alexandria.
23 (unten) Statue des Stadtvorstehers von Tanis Panemerit mit kleiner Horusfigur, Grauwacke, Höhe 83,5 cm, Zeit Ptolemaios XI. - XIII., um 80 - 50 v. Chr. Paris, Musée du Louvre (Torso), Kairo, Ägyptisches Museum (Kopf). Photo: Réunion des Musées nationaux, Paris.
24 (unten) Die „Tazza Farnese", als Schale gestaltete Kamee aus Sardonyx, 1. Jh. v. Chr. Neapel, Archäologisches Nationalmuseum. Photo: Dagli Orti, Paris.
24 - 25 Bronzeköpfchen Ptolemäus' XII. Auletes als Dionysos (drei verschiedene Ansichten). Privatsammlung. Photos: Gallimard, Paris.
26 (unten) Marmorbüste des Gnaeus Pompeius, 1. Jh. v. Chr. Florenz, Uffizien. Photo: Giraudon, Paris.
26 - 27 Statue eines römischen Legionärs aus Bronze. Rom, Museo della Civilità Romana. Photo: Dagli Orti, Paris.
28/29 Landkarte mit den römischen Eroberungen vom 3. Jh. bis zum 1. Jh. n. Chr.

Zweites Kapitel
30 Relief der Kleopatra aus dem Doppeltempel für Haroeris und Sobek in Kom Ombo, Oberägypten, 50 - 30 v. Chr. Photo: Artephot / Stierlin, Paris.
31 Marmorbüste der Kleopatra, aus Rom, um 50 v. Chr. Vatikan, Vatikanische Museen, Museo Pio Clementino. Photo: Alinari, Rom.
32 Terrakottafigur eines attischen Tänzers, aus Myrina, 2. Jh. v. Chr. Paris, Musée du Louvre. Photo: Giraudon, Paris.
32/33 Astronomische Abhandlung aus dem Eudoxos-Manuskript mit der Darstellung von Sonne und Mond, Papyrus, 196 - 173 v. Chr. Paris, Musée du Louvre. Photo: Réunion des Musées nationaux, Paris.
34 Statuette eines Schreibenden, Terrakotta, aus Alexandria, 1. Jh. v. Chr. Alexandria, Griechisch-Römisches Museum. Photo: Editions Sarapis, Alexandria.
34/35 Darstellung der Parfümproduktion. Kalksteinrelief des „Lirinion", 30. Dynastie, um 360 v. Chr. Paris, Musée du Louvre. Photo: Réunion des Musées nationaux, Paris.
35 Tierkreisdarstellung im Tempel von Dendera, 1. Jh. v. Chr. Kolorierter Stich aus Jean Baptiste Prosper Jollois und René Edouard de Villiers du Terrage: „Description de l'Egypte", 1809 - 1826. Photo: Artephot / Stierlin, Paris.
36 u. 37 Marmorbüste einer Frau, römisch. London, British Museum.
36/37 (unten) Griechische Inschrift „Kleopatra", 1. Jh. v. Chr. Paris, Musée du Louvre. Photo: Réunion des Musées nationaux, Paris.
36/37 Hellenistisches Schlangenarmband, Gold, 1. Jh. v. Chr. Neapel, Archäologisches Nationalmuseum. Photo: Artephot / Stierlin, Paris.
38 Figur einer trauernden Isis, 3. - 1. Jh. v. Chr. Paris, Musée du Louvre. Photo: Réunion des Musées nationaux, Paris.
38/39 Der Säulensaal des Hathor-Tempels von Dendera. Aquarell von Cecile (1798) aus der Description de l'Egypte. Ebd.
39 Buchisstele aus Sandstein, aus dem Bucheum von Armant, 1. Jh. v. Chr. Kopenhagen, Ny Carlsberg Glyptothek.
40 Silberdenar mit dem Porträt des Pompeius, Dreizack und Delphin sowie der Inschrift NEPTUNI.
41 (oben links) Porträtkopf des Julius Cäsar, Marmor, 21 - 20 v. Chr., Kopie nach einem Original aus den Jahren 45 - 44 v. Chr. Vatikan, Vatikanische Museen, Museo Pio Clementino. Photo: Scala, Florenz.
41 Cäsar und Kleopatra. Ausschnitt aus einem Gemälde des 19. Jhs. von Jean-Léon Gérome.

Privatsammlung, Sothebys 1990. Photo: Mit freundlicher Genehmigung von Sothebys, London.
42 (oben) Filmszene aus „Cäsar und Kleopatra“ von Gabriel Pascal aus dem Jahr 1945. Photo: Cinemathèque francaise, Paris.
42 (unten) Filmszene mit Steward Granger in der Rolle des Apollodoris in „Kleopatra“ von Joseph Mankiewicz aus dem Jahr 1963. Photo: Ebd.
43 (oben) Filmszene mit Rex Harrison in der Rolle des Cäsar in „Kleopatra“ von Joseph Mankiewicz aus dem Jahr 1963. Photo: Ebd.
43 (unten) Filmszene mit Elizabeth Taylor in der Rolle der Kleopatra in „Kleopatra“ von Joseph Mankiewicz aus dem Jahr 1963. Photo: Ebd.
44–45 (unten) Filmszene mit der Schlacht um Alexandria in „Kleopatra“ von Joseph Mankiewicz aus dem Jahr 1963. Photo: Ebd.
45 (Mitte) Die antike Bibliothek im königlichen Viertel. Photo: Dagli Orti, Paris.
46/47 Cäsar gibt Kleopatra den Thron Ägyptens zurück. Gemälde von Petro Berrettini, genannt Pietro da Cortona, um 1640. Lyon, Musée des Beaux-Arts. Photo: Réunion des Musées nationaux, Paris.
48/49 Die Galeere Kleopatras. Kolorierter Stich von H. Pilou. Bordeaux, Musée Goupil.
50 (oben) Die Geburt des Horus (= Thronfolgers). Abzeichnung eines Reliefs im Mammisi (= Geburtshaus) des Tempels von Armant. Nach Richard Lepsius. Photo (mit seitenverkehrt montiertem obersten Register): Gallimard, Paris.
50 (unten) Statuette der Isis mit Harpokrates, Bronze, 6. – 4. Jh. v. Chr. Paris, Musée du Louvre. Photo: Réunion des Musées nationaux, Paris.
51 Kaisarion opfert der Isis-Hathor. Relief aus dem Tempel von Dendera.
52/53 (oben) Cäsar greift Catilina im Senat an. Fresko von Cesare Maccari aus dem Jahr 1889. Rom, Palazzo Madama.
52/53 (unten) Der Tod des Julius Cäsar. Gemälde von Vincenzo Camuccini, 19. Jh. Neapel, Museo e Gallerie Nazionali di Capodimonte.
53 (oben) Porträtbüste des M. Tullius Cicero. Florenz, Uffizien. Photo: Artephot/Fiore, Paris.

Drittes Kapitel
54 Die Einschiffung Kleopatras. Gemälde von T. Buchanan. Privatbesitz. Photo: Archiv für Kunst und Geschichte, Berlin.
55 Kartusche mit dem Namen der Kleopatra. Photo: Scala, Florenz.
56 (links) Porträtbüste eines römischen Politikers, möglicherweise des Antonius; aus dem Forum Romanum. Rom, Kapitolinische Museen. Photo: Dagli Orti, Paris.
56/57 Das Blutbad der Triumvirn. Gemälde von Antoine Caron, um 1566. Paris, Musée du Louvre. Photo: Réunion des Musées nationaux, Paris.
57 (rechts) Bronzekopf des Augustus, aus Meroe, um 27 v. Chr. London, British Museum.
58 (unten) Dionysische Szene von einem reliefierten Marmorsarkophag aus der Westnekropole Alexandrias, 1. Jh. n. Chr. Alexandria, Griechisch-Römisches Museum. Photo: Editions Sarapis, Alexandria.
58/59 Ankunft der Kleopatra in Tarsos. Gemälde aus dem 17. Jh. von Frans Francken II. Nantes, Musée des Beaux-Arts. Photo: Giraudon, Paris.
59 (unten) Bronzekopf einer Herkulesstatue, 1. Jh. v. – 1. Jh. n. Chr. Alexandria, Griechisch-Römisches Museum. Photo: Editions Sarapis, Alexandria.
60 Das Zusammentreffen von Antonius und Kleopatra. Fresko aus dem 18. Jh. von Giovanni Battista Tiepolo. Venedig, Palazzo Labia.
61 Das Festmahl von Antonius und Kleopatra. Fresko aus dem 18. Jh. von Giovanni Battista Tiepolo. Ebd.
62/63 Kleopatra prüft die Wirkung von Giften an den zum Tode Verurteilten. Ausschnitt aus einem Gemälde von A. Cabanel aus dem Jahr 1887. Antwerpen, Königliches Museum der Schönen Künste. Photo: Editions A. C. R., Paris.
64 (oben) Porträtbüste der Octavia, Marmor, aus Velletri, um 40 Rom, Museo Nazionale Romano. Photo: Artephot/Nimatallah, Paris.
64 (unten) Porträtkopf der Livia, Basalt, um 30 v. Chr. Paris, Musée du Louvre. Photo: Réunion des Musées nationaux, Paris.
65 Der „Borghesische Fechter“, Statue des Bildhauers Agasias von Ephesos, aus Antium, Kopie um 50 v. Chr. nach einem um 300 v. Chr. geschaffenen Original. Ebd.
66 (oben) Silberdenar, geprägt 32 v. Chr. in Alexandria mit den Bildnissen von Kleopatra und Antonius. Sammlung Thomas. Photo: Roger-Viollet, Paris.
66/67 (unten) Szene mit Elizabeth Taylor und Richard Burton im Film „Kleopatra“ von Joseph Mankiewicz, 1963. Photo: Archives Cahiers du cinéma, Paris.
67 Antonius und Kleopatra. Gemälde aus dem 19. Jh., italienische Schule. Privatsammlung. Photo: J.-L. Charmet, Paris.
68/69 Modell einer judäischen Festung in Jerusalem.
69 Kopf eines Kriegers, aus Alexandria. Alexandria, Griechisch-Römisches Museum. Photo: Editions Sarapis, Alexandria.
70/71 Ägyptisches Leben oder Kleopatra und ihre Dienerinnen. Ausschnitt aus einem Gemälde von Georges Antoine Rochegrosse, um 1890. Paris, Galerie Alain Lesieutre. Photo: Editions A. C. R., Paris.
71 Kopf einer vornehmen Alexandrinerin, Kalkstein, aus Alexandria. Alexandria, Griechisch-Römisches Museum. Photo: Editions Sarapis, Alexandria.
72/73 (oben) Prozession zu Ehren der Isis. Gemälde von David Rosenfeld nach einem Entwurf von Frederick Brigman aus dem Jahr 1903. Paris und Amiens, David Rosenfeld, Les Oréades. Photo: Editions A. C. R., Paris.
73 Elizabeth Taylor im Film „Kleopatra“ von Joseph Mankiewicz, 1963. Photo: BFI Stills, Posters and Designs, London.

Viertes Kapitel
74 Kleopatra sitzt halbnackt auf einem hohen Thron. Gemälde aus dem 19. Jh. von Gustave Moreau. Paris, Musée du Louvre. Photo: Réunion des Musées nationaux, Paris.
75 Porträtbüste des Oktavian aus dem Kryptoportikus in Arles, um 30 v. Chr. Arles, Musée Lapidaire. Photo: Dagli Orti, Paris.
76/77 Vor dem Senat. Szene aus dem Film „Kleopatra" von Joseph Mankiewicz, 1963. Photo: BFI Stills, Posters and Designs, London.
76 (unten) Herkules und Omphale. Pompejianische Wandmalerei. Neapel, Archäologisches Nationalmuseum. Photo: Artephot/Nimatallah, Paris.
78 (oben) Marmorstatue eines römischen Konsuls, 1. Jh. v. - 1. Jh. n. Chr. London, British Museum. Photo: Michael Holford, London.
78/79 (unten) Die Akropolis von Pergamon. Rekonstruktion von F. Thierisch aus dem Jahr 1882. Bergama, Pergamon Museum. Photo: Archiv für Kunst und Geschichte, Berlin.
79 Rekonstruktion des Artemisions von Ephesos. Stich von Joseph Emanuel Fischer von Erlach. Photo: Gallimard, Paris.
80/81 Darstellung des Marsopfer in Zusammenhang mit einer Volkszählung, Reliefs vom Altar des Domitius Ahenobarbus Ara, Rom, Marsfeld, 115-110 v. Chr. Paris, Musée du Louvre. Photo: Réunion des Musées nationaux, Paris.
81 Bronzefigur eines gallischen Legionärs, 2. Jh. v. Chr. London, British Museum. Photo: Michael Holford, London.
82 (unten) Rammsporn eines Kriegsschiffs, aus Actium. London, British Museum.
82/83 Reliefblock mit Kriegsschiff unter Reitern (wohl von einem Denkmal für Antonius), aus dem Heiligtum der Fortuna in Praeneste, um 37-32 v. Chr. Vatikan, Vatikanische Museen, Museo Pio Clementino.
84/85 Die Schlacht von Actium am 2. September 31 v. Chr., Gemälde von Lorenzo A. Castro, 1672. London, National Maritime Museum.

Fünftes Kapitel
86 Antonius und Kleopatra. Gemälde von Sir Lawrence Alma-Tadema, um 1885. Privatsammlung. Photo: Bridgeman Art Library, London.
87 Kalksteinrelief mit einer Schlange, Darstellung des Agathos Daimon, des Garanten für Fruchtbarkeit und Reichtum, aus Alexandria, 1. Jh. v. - 1. Jh. n. Chr. Alexandria, Griechisch-Römisches Museum. Photo: Editions Sarapis, Alexandria.
88 Porträtkopf der Kleopatra VII. Berlin, Staatliche Museen Preußischer Kulturbesitz, Antikenmuseum. Photo: Artephot/Trela, Paris.
89 (oben) Teilvergoldeter Silberbecher (modiolus) mit Darstellungen von Skeletten, aus Boscoreale, 1. Jh. n. Chr. Paris, Musée du Louvre.
89 (unten) Porträtbüste des Antonius, wohl aus Alexandria, 50 v. - 50 n. Chr. New York, Brooklyn Museum. Photo: Bridgeman Art Library, London.

90/91 Der Tod von Antonius und Kleopatra. Ausschnitte aus einem Gemälde von Alessandro Turchi, um 1635/40. Paris, Musée du Louvre.
92/93 Augustus und Kleopatra. Gemälde von Anton Raphael Mengs, 1760/1. Stourhead, National Trust. Photo (hier seitenverkehrte Wiedergabe): National Trust Photographic Library/Horst Kolo, London.
93 (rechts) Das Grab von Kus mit einer Inschrift für Kleopatra. Anonymer Stich. Paris, Bibliothèque nationale. Photo: Roger-Viollet, Paris.
94/95 Der Tod der Kleopatra. Ausschnitt aus einem Gemälde von Jean-André Rixens, 1874. Toulouse, Musée des Augustins. Photo: Bridgeman Art Library, London.
96/97 Der Tod der Kleopatra. Gemälde von Valentine Cameron Prinsep, um 1870. Privatsammlung. Photo: Éditions Berko, Knokke-Zoute.
98/99 Die Totenbarke der Kleopatra. Gemälde von Frederick A. Bridgeman. Ebd.

Sechstes Kapitel
100 Statue eines Mannes mit Königskopftuch (Antonius?), 40-30 v. Chr. Kairo, Ägyptisches Museum. Photo: Vertut, Paris.
101 Silberdenar mit der Inschrift „AEGYPTO CAPTA", geprägt 28 v. Chr. London, British Museum.
102 Statuette des Königsgottes Horus als Imperator in römischer Tracht, Bronze, 1. Jh. n. Chr. Ebd.

103 Statue des Gottes Anubis in römischer Legionärstracht, 2. Jh. n. Chr. Alexandria, Katakomben von Kom esch-Schugafa. Photo: Editions Sarapis, Alexandria.
104 Statue des Augustus, Marmor, aus der Villa der Livia bei Prima Porta, um 17 v. Chr. Vatikan, Vatikanische Museen, Braccio Novo.
104/105 (oben) Blick auf das königliche und republikanische Rom. Rekonstruktion von Jacques Carlu, 1924. Paris, École Nationale Supérieure des Beaux-Arts.
105 (unten) Kopf einer Statue der Kleopatra Selene (?), aus Cherchel, 20–10 v. Chr. Cherchel, Museum von Cherchel. Photo: Artephot/Percheron, Paris.
106/107 Innenansicht des Tempels von Philae. Kolorierter Stich aus Jean Baptiste Prosper Jollois und René Edouard de Villiers du Terrage: „Description de l'Egypte", 1809–1826. Photo: Gallimard, Paris.
108/109 Augustus am Grabe Alexanders. Gemälde aus dem 17. Jh. von Sébastien Bourdon. Paris, Musée du Louvre. Photo: Réunion des Musées nationaux, Paris.
110/111 (oben) Die Apotheose des Augustus. Marmorrelief, um 40–50 n. Chr. Ravenna, Nationalmuseum.
111 (unten) Kopf der Statue eines ptolemäischen Königs, Basalt, 1. Jh. v. Chr. Paris, Musée du Louvre. Photo: Chuzeville, Paris.
112 Das Nordtor des Tempels von Dendera. Stich aus Jean Baptiste Prosper Jollois und René Edouard de Villiers du Terrage: „Description de l'Égypte", 1809–1826. Photo: Gallimard, Paris.

Zeugnisse und Dokumente
113 Kom Ombo, Relief der Kleopatra als Hathor. Photo: Roger-Viollet, Paris.
114 Statue eines ptolemäischen Herrschers des 2. Jhs. v. Chr. aus Karnak. Photo: Archiv für Kunst und Geschichte, Berlin.
116 Stuckabguß eines Kameo mit dem Doppelbildnis Ptolemaios I. Soter und seiner Gattin Berenike I., 3. Jh. v. Chr. Alexandria, Griechisch-Römisches Museum. Photo: R. Schulz.
118 Goldoktadrachmon mit den Porträts Ptolemaios II. Philadelphos und seiner Gemahlin Arsinoe II., 3. Jh. v. Chr. Alexandria, Griechisch-Römisches Museum. Photo: Ebd.
120 Goldene Gründungsplakette mit einer bilinguen Inschrift, die sich auf den Baubefehl Ptolemaios IV. für einen Tempel des Gottes Harpokrates im Serapeion von Alexandria bezieht, 3. Jh. v. Chr. Alexandria, Griechisch-Römisches Museum. Photo: Ebd.
122 Philae, Tempel der Isis: Säulenumgang vom Geburtshaus zwischen dem ersten und zweiten Pylon, 2. Jh. v. Chr. Photo: Ebd.
126 Relief von einer Kapelle in Tuna el-Gebel, 3. Jh. v. Chr. Hildesheim, Pelizaeus-Museum.
128 Kalzitbüste des Gottes Serapis, 2 Jh. n. Chr. Hildesheim, Pelizaeus-Museum.
130 Ptolemaios XII. Auletes mit den Göttern Sobek und Hathor, 1. Jh. v. Chr. Photo: R. Schulz.
133 Edfu, Horus-Tempel, Nechbet und Uto krönen Ptolemaios VI. Philometor, 2. Jh. v. Chr. Photo: R. Schulz.
134 Die Statue des Hor, 1. Jh. v. Chr. Kairo, Ägyptisches Museum. Repro: M. Seidel, Hildesheim.
135 Grab des Idu, Giza, um 2250 v. Chr. Zeichnung nach W. K. Simpson: The Mastabas of Qar and Idu, Boston 1976, Fig. 34.
137 Beamtenfigur, 3. Jh. v. Chr. New York, Brooklyn, The Brooklyn Museum.
138/139 Münze mit dem Bildnis der Kleopatra VII. London, Privatbesitz.
140 Torso einer Priesterfigur, 1. Jh. v. Chr. Hildesheim, Pelizaeus-Museum.
142 Römische Marmorkopie der Aphrodite von Knidos nach Original des Praxiteles. Rom, Vatikanische Museen. Photo: Archiv für Kunst und Geschichte, Berlin.
143 Der Brooklyner „Schwarze Kopf", Diorit, 1. Jh. v. Chr. New York, The Brooklyn Museum.
144 Edfu, Horus-Tempel. Photo: R. Schulz.
147 Plan des Horus-Tempels von Edfu. Entwurf: M. Seidel, Hildesheim.
155 Elizabeth Taylor in „Kleopatra" von Joseph Mankiewicz. Photo: BFI Stills, Posters and Designs, London.
156 Das Filmplakat zu Cecil B. de Mille's „Kleopatra" mit Claudette Colbert. Photo: Ebd.

Register

Inhalt